초등학생이 알아야 할
참 쉬운 수학

사라 헐,
톰 뭄브레이 글

폴 보스턴 그림

사무엘 고렘 디자인

오드리 커녹 박사 감수
송지혜 옮김

차례

수학이란 무엇일까요?   4
수학은 어디에 쓰일까요?   6
수학은 어떻게 하는 걸까요?   8

제1장 수학의 시작   11
옛날 사람들이 수를 어디에 사용하고, 어떻게 나타냈는지 살펴보세요.

제2장 수와 숫자   27
수의 모양과 수의 패턴, 소수 등 다양한 수와 숫자에 대해 알아보아요.
무한대까지 영원히 계속되는 수에 대해서도 살펴보세요.

제3장 도형과 측정   43
일상생활 속 물체에서부터 우주 전체에 이르기까지, 모든 것을
수학이라는 도구를 사용해 설명하는 이유와 방법은 무엇일까요?

제4장 수학을 그림으로 나타내기   57
세상을 좀 더 잘 설명하고 문제를 좀 더 쉽게 해결하기 위해
수학을 사용할 수 있어요. 그래프를 만들거나 도표를 그리는 등
그림으로 수학을 나타내 보세요.

제5장 증명하기   69
수학에서는 어떤 문제를 풀어 내면 그 답이 옳다는 것을 확신할 수 있어요.
어떻게 문제 풀이와 정답을 알 수 있을까요?
'증명'하는 방법에 대해 알아보아요.

제6장 확률과 통계　　　　　　　　　　　　　　　　　81
수학을 이용하면 문제를 잘 이해하고 미래를 예측할 수 있어요.
어떤 결정을 내릴 때 수학이 어떻게 도움을 주는지 알아보세요.

제7장 수학과 컴퓨터와 미래　　　　　　　　　　　　97
수학이 없다면 컴퓨터도 없을 거예요.
컴퓨터를 작동시킬 때 수학이 어떤 역할을 하는지 살펴보아요.

제8장 수학 모델　　　　　　　　　　　　　　　　　　109
수학으로 어떻게 미래의 날씨와 수익, 사람들의 행동까지
예측할 수 있는지 알아보세요.

이제 무엇을 할까요?　　　　　　　　　　　　　　　120
수학과 관련된 직업　　　　　　　　　　　　　　　　122
낱말 풀이　　　　　　　　　　　　　　　　　　　　124
찾아보기　　　　　　　　　　　　　　　　　　　　126
이 책을 만든 사람들　　　　　　　　　　　　　　　128

인터넷에서 자료 찾기

어스본 바로가기(usborne.com/quicklinks)에 방문해서
검색창에 'Mathematics for beginners'를 입력해 보세요.
수학에 관련된 다양한 영상과 게임을 볼 수 있고,
수학 퍼즐과 수수께끼도 풀어 볼 수 있어요.

'어스본 바로가기'에서는 인터넷 안전 지침을 지켜 주세요.
어린이가 인터넷을 사용할 때는 보호자의 지도가 필요합니다.

우리는 거의 매일 수학을 사용해요. 예를 들어 물건을 살 때, 게임을 할 때, 시계를 볼 때 수학을 쓰지요. 수학은 문제를 해결하는 데 특히 유용해요.

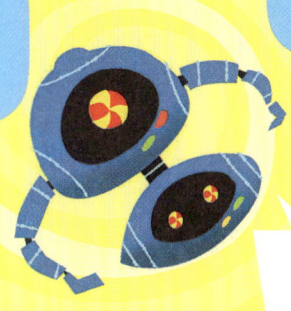

수학이 무엇인지 설명하는 의견은 아주 많을 뿐더러, 사람마다 수학을 생각하는 방식도 달라요. 심지어 수학자들 사이에서도 수학의 정의를 다르게 생각해요.

수학은 어디에 쓰일까요?

수학이 정확히 무엇인지 알아내려면 시간이 오래 걸릴 거예요.
그보다는 수학으로 할 수 있는 일이 무엇인지 생각하는 편이
훨씬 더 흥미로울 거예요.

수천 년 동안 사람들은 수학을 사용해 주변 세상을 이해하고, 새로운 생각과 기술을 개발했어요.
수학이 아주 다양한 분야에서 매우 유용하게 사용되었다는 것은 이미 증명된 사실이지요.

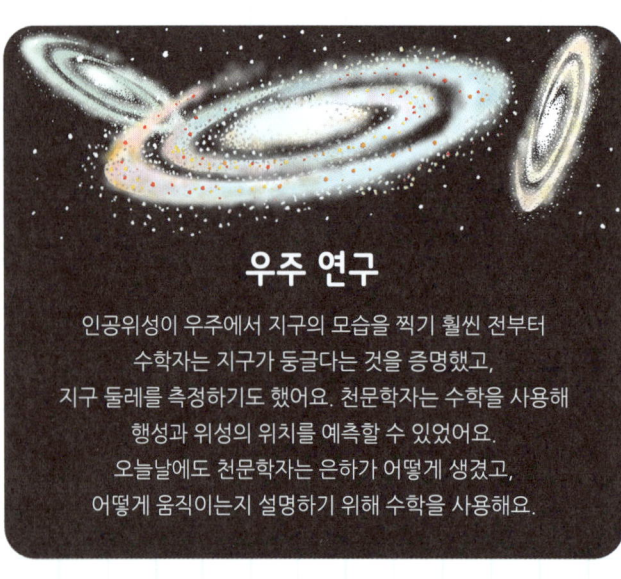

우주 연구

인공위성이 우주에서 지구의 모습을 찍기 훨씬 전부터
수학자는 지구가 둥글다는 것을 증명했고,
지구 둘레를 측정하기도 했어요. 천문학자는 수학을 사용해
행성과 위성의 위치를 예측할 수 있었어요.
오늘날에도 천문학자는 은하가 어떻게 생겼고,
어떻게 움직이는지 설명하기 위해 수학을 사용해요.

놀라운 예술 작품

수학은 건축가가 건물을
완벽한 비율로 설계할 때도 필요해요.
또한 화가가 그린 평평한 그림을
마치 실제처럼 보이게 해 줘요.

튼튼하고 안정적인 건물

건축가와 기술자는 수학을 이용해 건물, 다리 등
온갖 종류의 구조물이 몇 백 년이 지나도
안전하고 튼튼하게 서 있을 수 있게 만들어요.

돈과 관련된 문제

수학은 돈이 얼마나 있는지
세는 일부터 온라인에서 돈을
안전하게 지키는 암호에 이르기까지,
돈과 관련된 일에도 쓰여요.

세계 식량 문제

세계 인구가 증가하면서, 식량 문제도 점점 심각해지고 있어요. 수천 년 동안 농부는 수확량을 최대로 올리기 위해 수학을 이용했어요. 그 밖에도 식품의 포장, 운반과 배달에 가장 알맞은 방법을 알아내는 데에도 수학이 꼭 필요해요.

여행

수백 년 동안 배가 항로를 벗어나지 않고 안전하게 항해할 수 있었던 건 복잡한 계산을 할 수 있었기 때문이에요. 항공기를 하늘에 띄울 때도 수학이 필요하고, 전자 지도에서 우리 위치를 정확하게 표시하는 기술에도 수학이 숨어 있답니다.

컴퓨터

컴퓨터와 스마트폰, 텔레비전은 매초마다 수백만 번의 계산을 수행해, 우리가 인터넷을 검색하고 영상을 볼 수 있게 해 주어요.

컴퓨터 프로그래머는 수학이라는 도구를 사용해 점점 더 인간과 똑같이 생각하고 행동하는 로봇을 만들어요.

생명 구하기

현대 의학에서는 수학으로 질병을 분석해요. 의사는 새로운 약이 안전한지, 그리고 얼마나 효과적인지 평가하기 위해 수학을 사용해요.

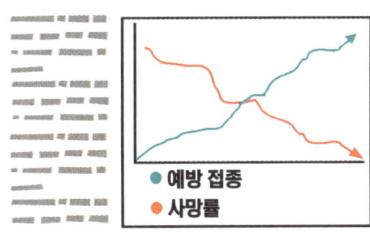

앞으로 10~15년 안에 인간의 지능을 가진 로봇이 등장할 거래요.

내가 모험 이야기를 읽을 때 짜릿함을 느끼게 해 줄 코드*도 있겠죠?

*코드: 프로그램을 만들기 위해 사용하는 컴퓨터 언어.

수학은 어떻게 하는 걸까요?

'수학을 한다'는 것은 어려운 질문에 답을 하거나
새로운 생각을 떠올리려는 노력을 뜻해요.
수학에는 여러 분야가 있어서 다양한 문제를 해결할 수 있어요.

산수와 대수학

산수는 수와 셈에 관한 거예요.
계산식의 일부를 알 수 없어서 수 대신 문자나
기호를 사용하는 것을 **대수학**이라고 해요.

x는 어떻게 구할까요?

이 돈으로 머핀을 살 수 있나요?

이 별은 지구와 얼마나 떨어져 있을까요?

기하학

기하학은 모양과 측정에 관한 문제를 해결할 때 사용해요.

우주는 어떤 모양일까요?

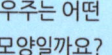

포장지는 이 정도면 충분할까요?

지구의 둘레는 얼마일까요?

논리와 증명

증명은 수학 명제*가 참이라는 것을
밝히는 과정이에요. 무언가를 증명하려면
논리라는 사고 규칙을 따라야 해요.

* 명제: 참이나 거짓을 판단할 수 있는 문장이나 식.

따라서
$x > 2$ 이면
$a^x + b^x \ne c^x$

이것이 참이라는 것을 어떻게 증명할까요?

로봇에게 파스타 요리법을 가르쳐 줄 수 있나요?

확률

확률로 어떤 사건이 일어날 가능성을 계산할 수 있어요.

그 사람은 무죄일 확률이 높아요.

이들 중 하나의 문 뒤에 100만 원의 상금이 숨겨져 있어요.

어느 문을 고를 건가요?

통계학

통계학은 자료를 수집해 정리하고 분석하며, 이렇게 얻은 정보를 이해하고 활용하는 분야예요.

가장 인기 많은 마법 동물은 누구일까요?

어떻게 해야 우리 팀이 경기를 더 잘할 수 있을까요?

이 약은 얼마나 효과가 있을까요?

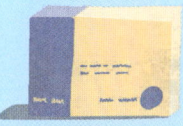

2050년에 세계 인구는 얼마나 늘어날까요?

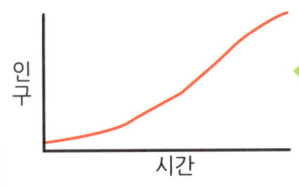

수학적 모델링

수학 모델을 만들어 미래를 대비할 수 있어요.

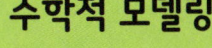

어떻게 해야 수익을 늘릴 수 있을까요?

날씨를 예측할 수 있을까요?

제1장
수학의 시작

오늘날 우리가 알고 있는 수학은
수천 년에 걸친 발견과 창의력이 만들어 낸 결과예요.
세계 곳곳에서 벌어지는 문제를 해결하고자 할 때
수학이 돌파구가 되었고, 인류 역사의 흐름을 주도해 왔죠.

인간은 글자를 쓰기 전부터 수를 세었어요.
적어도 5,000년 전, 고대 이집트와 고대 메소포타미아에서는
다양한 수를 나타내기 위해 기호를 사용했어요.
우리가 '5,000'과 같은 현대식 숫자를 쓸 수 있게 된 것은
'0'이라는 새로운 개념이 생겨난 뒤부터예요.
이 놀라운 개념은 1,400년 전에 인도에서 생겨났어요.

맨 처음

수학은 아주 오래전부터 자연 속에 존재했어요. 사람들이 대수를 발명하고 수 세는 법을 배우기 전, 심지어 인간이 지구를 걸어 다니기 전부터 말이에요. 사람들은 자연 속에서 무수히 많은 수학적인 모양이나 규칙(패턴), 수의 배열 등을 발견해 냈어요.

사람들이 언제부터 수학을 생각하게 되었는지는 알 수 없어요.
하지만 언제부터 수를 다루고 주변의 *패턴*을 연구하게 되었는지는
대략적으로 알 수 있어요.

최초의 인류 조상이 사용한 수 체계는 아마도 그다지 복잡하지 않았을 거예요.
그때 사람들은 '한두' 개와 '많은' 것의 차이를 이해하는 것부터 시작했어요.
아주 좋은 출발점이었지요.

초기 인류는 달의 위상 변화와 같은 패턴을 기록했어요.
그중 가장 오래된 것은 뼈에 선을 새긴 것으로, 40,000년 이상 되었을 거라고 해요.

지구에서 보는 달의 모습은 매일 조금씩 변해요.
고대인들은 매일 한 줄씩 선을 그어서 달의 모양에 따라 날짜를 세었어요.

이러한 기록은 단순해 보이지만 대단한 목적을
달성할 수 있었어요. 달의 모양을 기록한 것을 통해
인류는 처음으로 신뢰할 만한 달력을 가지게 되었지요.

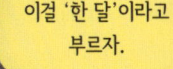

선사 시대의 수학

초기 인류가 수학이라는 *개념*을 가지고 있었는지는 알 수 없지만, 수만 년 전 사람들이 *본능적*으로 수학을 했다는 사실을 보여 주는 증거가 있어요.

사냥처럼 시간이 오래 걸리는 활동은
패턴을 살펴보고 상황을 판단할 수 있었어요.

또한 사냥이 성공할 확률은 서로 다른 점을 비교해서 계산할 수 있었어요.
예를 들어 거리를 비교할 수도 있지요.

도구를 만들 때는 모양이나 크기 등 사물의 특성을
어떻게 측정할 수 있는지 알아야 했어요.

오늘날 우리는 수학을 하는지 안 하는지 실제로 의식하지는 않지만, 항상 수학을 하고 있지요.
우리 조상들이 그랬던 것처럼요.

최초의 숫자

약 4,000년 전 메소포타미아 지역의 고대 도시 바빌론(지금의 이라크)을 중심으로 인류 역사상 최초의 위대한 제국 중 하나인 **바빌로니아**가 세워졌어요. 바빌로니아 문명이 발달하면서 수를 표시하는 훌륭한 체계도 함께 만들어졌어요.

바빌로니아인이 사용하던 점토판 중 일부가 지금까지 남아 있어서 그때 사람들이 수를 어떻게 사용했는지 알 수 있어요. 고고학자들은 당시 학생들이 풀었던 최초의 수학 문제가 새겨진 판도 발견했어요.

바빌로니아인은 단 두 개의 기호를 사용해 수를 표시했어요.

이것은 하나… …그리고 이것은 **열**을 뜻해요.

이 기호를 함께 사용해 더 큰 수를 나타냈어요.

고대 바빌로니아인이 우리와 달랐던 것은 숫자뿐만이 아니었어요. 계산하는 방법도 달랐어요.

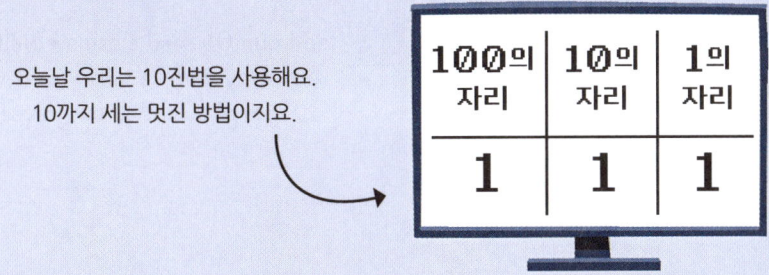

오늘날 우리는 10진법을 사용해요. 10까지 세는 멋진 방법이지요.

바빌로니아인은 큰 수를 나타낼 때 오늘날처럼 백, 십, 일 단위를 쓰지 않고, 60진법을 사용했어요. 60진법이란 60 단위로 센다는 뜻이에요.

이 칸에는 3,600의 배수가 들어가요. 왜냐하면 3,600은 60의 60배와 같기 때문이에요. 100이 10의 10배와 같은 것처럼요.

그러니까 이 가로줄의 기호가 나타내는 것은 3,661이에요.

반지 하나에 주화 7,272개라니! 처음 갔던 가게로 가야겠어.

하지만 도대체 왜 60진법으로 수를 세었을까요? 60은 여러 가지 수로 쉽게 나눌 수 있기 때문이에요. 그래서 계산기와 같은 도구가 없을 때 아주 유용해요.

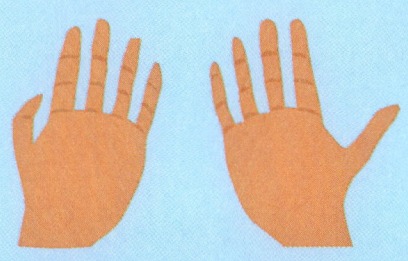

손을 이용해 60까지 쉽게 셀 수 있어요.

한 손을 펴고 손가락 마디를 사용해 12까지 세어요(엄지는 제외예요).

그런 다음, 다른 손의 다섯 손가락을 차례로 세어 12의 배수를 세어요.

바빌로니아의 산수는 독특해 보이지만, 오늘날에도 각도와 시간을 측정하는 데 60진법을 사용해요. 그래서 1시간이 60분, 1분이 60초인 거예요.

고대 이집트

바빌로니아에서 산수가 발달하기 시작했을 무렵, 이집트에서는 수를 사용하는 매우 다른(하지만 마찬가지로 영리한) 방법이 등장했어요.

이집트인은 약 5,000년 전부터 수를 기록하기 시작했어요.
7개의 기호를 사용해 수를 표시했고, 10진법으로 셌지요.

위와 같은 기호를 함께 써서 더 큰 수를 나타냈어요.
그러다 보니 어떤 수는 다른 수보다 쓰기가 훨씬 쉬웠어요.

이처럼 고대 이집트의 숫자 표기법에는 약간의 단점도 있었어요. 하지만 이집트인은 수를 사용해 아주 놀라운 계산법을 발명했지요. 예를 들어 곱셈은 다음과 같이 풀었어요.

고대 이집트에서는 9×4를 아래와 같은 방법으로 풀었지요.
먼저 세로줄이 두 개인 표를 그려 보세요.

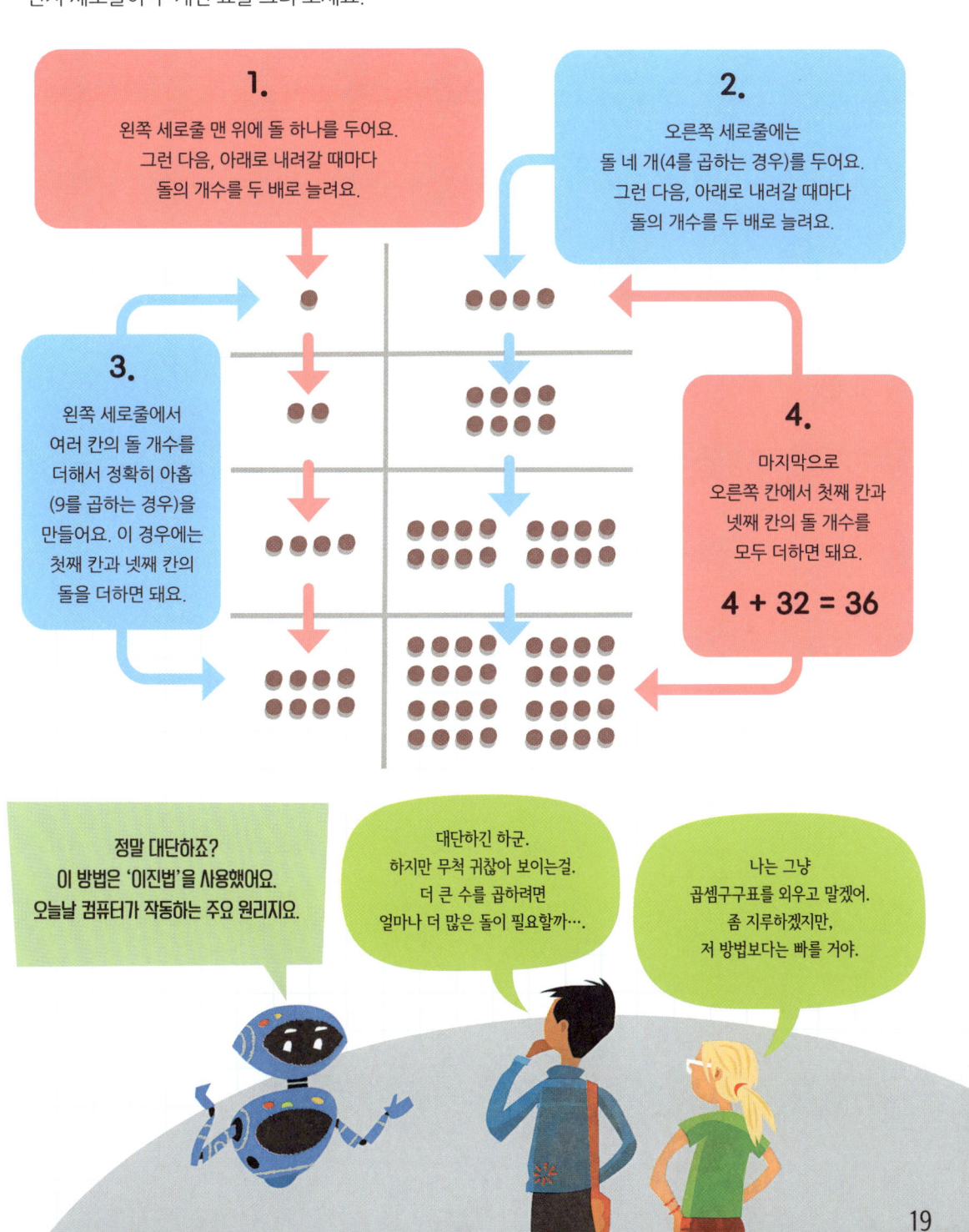

고대 수학의 여러 가지 용도

고대 사람들이 단지 수학이 좋아서 수학을 한 건 아니에요.
그때 사람들은 인류 최초로 위대한 문명을 건설하면서 생겨나는
현실적인 문제들을 수학을 사용해 멋지게 해결했을 뿐이에요.

세금

당시 통치자들도 필요한 돈을 마련하기 위해 오늘날처럼 세금을 걷었어요. 세금은 사람들이 통치자에게 내는 돈이에요.

고대 이집트와 메소포타미아에서는 농부가 소유한 농작물이나 가축 수에 따라 내야 할 세금을 계산했어요.

고대 로마에서는 세금 징수원이 각 시민의 재산 중 1퍼센트를 가져갔어요.

고대 중국의 관리는 세금을 걷거나 임금을 줄 때 초기 형태의 수학책을 사용했어요.

측정

무역과 건축, 또는 수학과 관련된 내용을 전달하기 위해서는 측정 단위를 통일할 필요가 있었어요.

이집트에서는 신체 부위를 사용해 길이를 재었어요. *디지트*는 손가락, *팜*은 손의 폭(뼘)을 말해요. 4디지트는 1팜이고, 7팜은 1큐빗인데, 1큐빗은 손가락 끝에서 팔꿈치까지의 길이예요.

고대 인도에서 무게를 잴 때는 밀이나 콩, 씨앗의 양을 기준으로 삼았어요.

이집트의 피라미드, 인도의 복잡한 제단, 로마의 거대한 신전 같은 구조물을 건축할 때는 각도와 모양을 측정하는 능력이 필요했어요.

고대 이집트의 달력은 세 계절로 나뉘었어요. 이는 농사에 큰 영향을 끼치는 나일강의 범람 주기를 기준으로 한 거예요.

중앙아메리카에 살았던 고대 마야인은 태양의 움직임을 기준으로 한 365일 달력과 그보다 짧은 260일로 된 종교 달력을 사용했어요.
마야인들은 또한 전쟁 계획을 세울 때는 금성의 움직임을 따랐어요.

시간

농사나 종교 행사 등 모든 활동은 정확한 시간에 맞춰 진행되었어요.

고대 중국과 일본에서는 양초시계로 짧은 시간을 측정했어요. 양초에 표시를 새겨 밀랍이 녹은 것으로 시간이 얼마나 흘렀는지 알 수 있었어요.

물시계는 고대 여러 나라에서 사용했어요. 그릇에서 흘러나오는 물의 양으로 짧은 시간을 잴 수 있었어요.

사용하는 수단이나 방법은 많이 바뀌었지만, 오늘날에도 같은 문제를 해결하기 위해 사람들은 수학을 사용해요.

이 양초시계가 얼마나 정확할지 궁금해.

네 생각보다는 더 정확할걸. 준비… 시작! 타이머를 켜, 마커스!

전자 타이머를 작동합니다.

고대 그리스

약 2,500년 전에 그리스의 철학자 피타고라스는
학교를 세워 자신의 수학 연구를 발전시켰어요.
그중 가장 유명한 것은 삼각형에 관한 거예요.

피타고라스와 그의 제자들은 이집트 사람들이
직각(90°)을 만들기 위해 변의 길이가
3, 4, 5단위인 삼각형을 사용했다는
사실을 알고 있었어요.

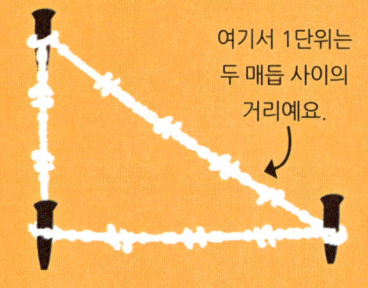

여기서 1단위는
두 매듭 사이의
거리예요.

이집트인은 직각삼각형 *안에*
어떤 수학 원리가 숨어 있는지 설명하지는 않았어요.
피타고라스는 그것을 밝혀내고 싶었어요.

음, 왜 직각이 되는 걸까….

마침내 피타고라스 학파는 변의 길이에 상관없이 모든 직각삼각형에 적용되는
법칙을 찾아냈어요.

정사각형 a와 b의 넓이는
정사각형 c의 넓이와
항상 같아요.

아주 잘했어!

여러 고대 문명에서는 그리스보다도
먼저 직각삼각형의 마법을 알고 있었어요.
그런데 왜 다들 피타고라스에
주목하는 걸까요?

그것은 피타고라스 학파가
모든 직각삼각형에 적용되는 수학 법칙을
처음으로 만들었기 때문이에요.

오늘날 피타고라스의 정리는
'a제곱 더하기 b제곱은
c제곱과 같다.'고 써요.
'제곱'은 같은 수를
두 번 곱하는 것을 뜻해요.

약 2,300년 전에 또 다른 그리스의 천재 유클리드는 '원론'이라는 경이로운 책을 썼어요.
유클리드는 이 책에서 여러 수학 법칙을 증명했어요.

어떤 법칙이 참인지 아닌지 증명하는 것이 뭐가 중요해요? 이집트인은 *증명* 없이도 직각삼각형을 만드는 방법을 알고 있었어요.

맞는 말이야. 하지만 이집트인들은 변의 길이가 3, 4, 5단위인 삼각형이 직각을 만든다는 것만 알았어. 모든 직각삼각형에서 짧은 변의 정사각형 두 개가 항상 긴 변의 정사각형과 넓이가 같다는 사실은 알지 못했어.

그런데 피타고라스는 어떻게 그것을 증명했을까요? 증명은 어떻게 하는 거예요?

먼저 '공리'로 시작하지. 공리란 증명이 없어도 참으로 인정되는 명제를 말해. 보통 명백한 사실을 가리키지. 그다음은 공리로부터 논리적인 결론을 내리면 돼. 이 과정에서 모든 법칙을 잘 지킨다면, 네 생각이 참이라는 것을 증명할 수 있을 거야.

알겠어요. 하지만 어쩐지 속임수 같아요. 무언가를 증명하기 위해서 어떤 것이 참이라고 가정해야 한다니요?

음, 너처럼 생각하는 수학자도 있어. 하지만 어떤 기본적인 사실은 그대로 받아들여야 할 때도 있거든. 그러면 이것들을 구성 요소로 사용해 더 복잡한 법칙을 증명할 수 있지.

좋아요, 이제 *어떻게* 증명하는지는 알 것 같아요. 하지만 *왜* 그래야 하는지는 아직 모르겠어요.

유클리드의 '원론'을 한번 보렴. 책을 쓴 지 2,000년도 넘었지만, 그 속에 담긴 법칙들은 그때나 지금이나 똑같이 참이란다.

그러면 우리도 법칙을 증명할 수 있고, 그 법칙은 영원히 참으로 받아들여지겠네요!

음, 이론상으로는 그래. 근데 현실에서 법칙을 증명하기란 쉽지 않을 거야. 하지만 성공한다면 정말 뿌듯한 일이지.

증명은 구체적이고 실제적인 문제를 해결하는 도구였던 수학을 모든 직각삼각형 안에 들어 있는 법칙처럼, 훨씬 더 큰 개념을 이해하게 해 주는 체계로 바꾸어 준답니다.

0의 발명

0이 발명되기 전에 사람들은 무엇이 있다와 *아무것도 없다*는 것의 차이는 알았지만, 없는 상태를 수로 생각하지는 않았어요.
그런데 0을 수로 생각하는 것은 놀랍도록 유용한 일이었어요.

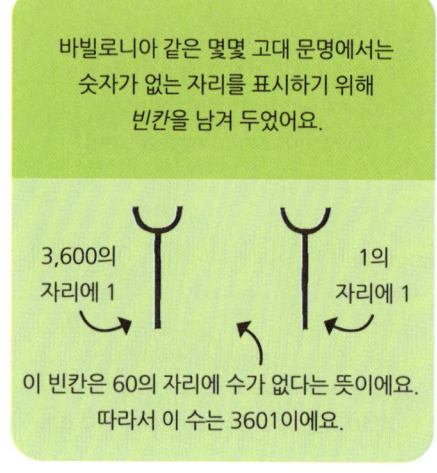

바빌로니아 같은 몇몇 고대 문명에서는 숫자가 없는 자리를 표시하기 위해 빈칸을 남겨 두었어요.

3,600의 자리에 1
1의 자리에 1

이 빈칸은 60의 자리에 수가 없다는 뜻이에요. 따라서 이 수는 3601이에요.

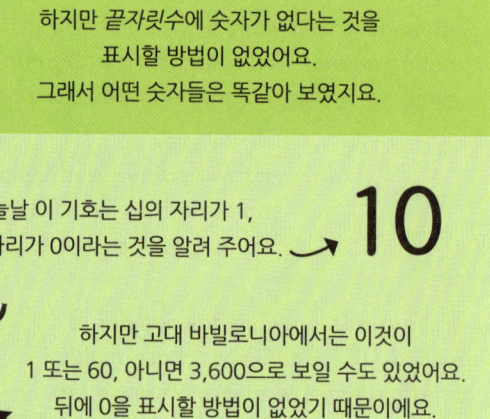

하지만 끝자릿수에 숫자가 없다는 것을 표시할 방법이 없었어요.
그래서 어떤 숫자들은 똑같아 보였지요.

오늘날 이 기호는 십의 자리가 1, 일의 자리가 0이라는 것을 알려 주어요. → 10

하지만 고대 바빌로니아에서는 이것이 1 또는 60, 아니면 3,600으로 보일 수도 있었어요. 뒤에 0을 표시할 방법이 없었기 때문이에요.

오늘날 우리가 사용하는 0은 약 1,400년 전 인도에서 처음 등장했어요.
브라마굽타라는 수학자가 수 0에 관한 놀라운 법칙을 생각해 냈어요.

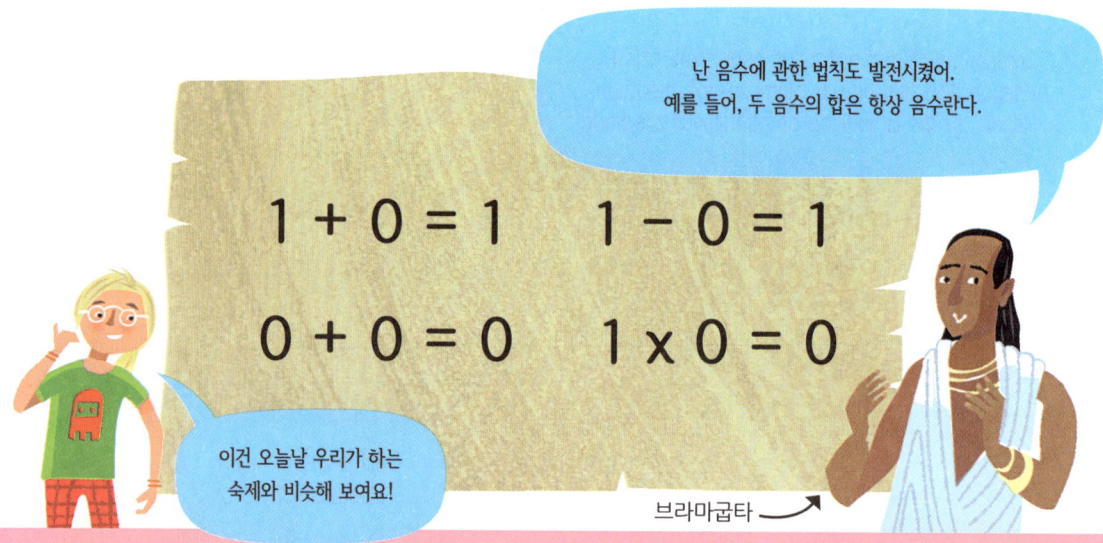

난 음수에 관한 법칙도 발전시켰어. 예를 들어, 두 음수의 합은 항상 음수란다.

$1 + 0 = 1 \quad 1 - 0 = 1$

$0 + 0 = 0 \quad 1 \times 0 = 0$

이건 오늘날 우리가 하는 숙제와 비슷해 보여요!

브라마굽타

이 법칙은 간단해 보일지 몰라도 오늘날 우리가 사용하는 수학의 필수 요소예요.
만약 0이 없다면, 컴퓨터와 인터넷도 작동할 수 없을 거예요.

숫자는 어떤 모양인가요?

2,000년도 더 전에, 인도에서 **브라흐미 숫자**라고 불리는 기호가 만들어졌어요.
고대 수학자들은 이 숫자가 세상에서 가장 널리 사용되는 기호로 진화할 것이라고는
미처 생각하지 못했어요.

브라흐미 숫자

— = ≡ ᔛ ᑎ 6 フ ᔗ ?

약 1,400년 전, 브라흐미 숫자는 **힌두 숫자**로 발전했어요.
이때 0을 나타내는 기호도 등장했어요.

ገ ？ ₹ 8 ૫ ૯ ૭ ૮ ૭ •

약 1,200년 전, 힌두 숫자는 인도에서 아랍 세계로 넘어갔어요.
그곳의 이슬람 수학자들은 **아라비아 숫자**를 만들어 기호를 더욱 발전시켰어요.

1 2 ᴈ ℰ ᧐ 6 ᧘ 8 9 0

약 600년 전, 아라비아 숫자는 유럽에서 널리 사용되기 시작했어요.
그곳에서 오늘날 전 세계에서 사용되는 모습을 갖추게 되었으며, **힌두-아라비아 숫자**로 알려졌어요.

1 2 3 4 5 6 7 8 9 0

0이 발명되고 보편적인 숫자 기호가 사용되기 시작하면서,
세계 곳곳의 수학자들은 수학적 발견과 생각을 서로 나누고 이해하며 토론할 수 있게 되었어요.

'현대 수학'의 무대가
마련된 셈이지요!

다음엔
어떤 내용이 나올까요?

제2장
수와 숫자

수학을 떠올리면 가장 먼저 생각나는 것은 아마 수일 거예요.
수는 *어디에나* 있어요. 이 책의 페이지, 뒤표지에 인쇄된 책값,
버스 시간표와 스포츠 경기 결과도 모두 수로 표시되지요.
우리는 수를 사용해서 셈을 하거나 측정을 하고,
정보와 생각을 전달해요.

하지만 수는 더하기를 하고, 요리할 때 재료의 양을 재고,
팀이 경기에서 이겼는지 알려 주는 것 외에도 아주 많은 일에 쓰여요.
복잡한 패턴, 끝없이 이어지는 수열, 방정식의 미지수도
수를 이용해 설명할 수 있어요. 무엇보다도 수는 절대로
부족해지는 일 없이, 영원히 계속될 수 있어요.

무한대…

무한대란 실제 수가 아니에요. 영원히 계속되는 수를 나타내는 *개념*이지요.
조금 이해하기 어려울 거예요. 독일의 수학자 다비트 힐베르트는
이 개념을 알아보기 위해 호텔을 예로 들었어요.

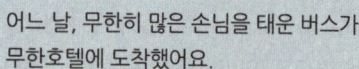

이제, 원래 있던 손님들은 모두 **짝수** 방에 있어요.
그리고 새로 도착한 무한히 많은 손님은 **홀수** 방을 사용하게 되었어요.

이처럼 생각으로 진행하는 실험을 **사고 실험**이라고 해요.
이는 수학자들이 이해하기 어려운 개념을 연구할 때 사용하는
재미있는 방법이지요.

…그리고 그 너머에는

수학자들에게는 무한대의 개념이 그리 복잡한 게 아니었나 봐요.
수학자들은 *여러 종류의* 무한대가 존재한다는 것을 발견했어요.

1, 2, 3, 4, 5, 6, 7, 8, 9, 10, 11, 12, 13, 14, 15, 16, 17, 18, 19, 20, 21,

내가 왜 수를 무한대로 적어 보겠다고 했을까요?
이건 절대 끝나지 않을 거예요!

0, 1, -1, 2, -2, 3, -3, 4, -4, 5, -5, 6, -6, 7, -7, 8, -8, 9,

선생님은 쉬운 편이에요!
난 지금 양수와 음수를 적고 있어요.
그러니까 선생님이 적는 것의 두 배일 거예요.

$\frac{1}{1}, \frac{1}{2}, \frac{1}{3}, \frac{1}{4}, \frac{1}{5}, \frac{1}{6}, \frac{1}{7}, \frac{1}{8}, \frac{1}{9}, \frac{1}{10}$

다들 운이 좋은 줄 아세요.
내가 적는 건 수가
점점 작아지는 것처럼 보이지만
그래도 영원히 계속될 테니까요.

적는다면 내 것이 *아마* 가장 길걸요?
소수점 아래 수를 모두 적는 건 절대 불가능하니까요.
그래서 난 시작조차 하지 않았어요.

어쨌든 난 우리가 적고 있는
수의 개수가 다 같다고 생각해요.
결국엔 모두 무한대로 길어질 거예요.

분필

그러니까 무한대는 어떤 하나의 수도 아니고, 수의 집합도 아니에요.
하지만 수학자들이 어떤 종류의 무한대를 이야기하든 간에 모두 '끝이 없다'는 건 분명해요.

삼각형과 사각형

수는 단순하고 반복적인 한 가지 순서를 따라가는 것처럼 보여요.
하나에서 둘, 둘에서 셋, 이런 식으로요.
하지만 *이러한* 순서만 따라야 하는 걸까요? 여기 *다른* 방법도 있어요.

삼각형부터 시작해요.

잠깐, 우리 수에 관해 이야기하고 있던 거 아니었어?

다음엔 사각형이겠네, 마커스.

3핀 볼링

다 쓰러트려야 할 텐데.

6핀 볼링

10핀 볼링

좀 더 큰 공이 필요해.

15핀 볼링

공이 문제가 아니야. 레인이 더 커야 해!

21핀 볼링

알겠다! 특정한 개수만 정삼각형으로 배열할 수 있어!

그러니까 정삼각형이라면 이렇게 세어야 하는구나.
3, 6, 10, 15, 21······.

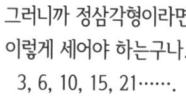

그렇죠! 이러한 패턴을 따르는 수를 **삼각수**라고 해요.

어떤 수는 정사각형 모양으로 배열할 수 있어요.
이러한 수를 뭐라고 할지 상상력을 발휘해서 생각해 보면… 맞아요, **사각수**예요.

패턴으로 이루어진 세상

수의 배열, 즉 수열은 정다각형 도형에만 있는 건 아니에요.
세상은 이상하고 불규칙해 보이는 배열로 가득 차 있어요.
쉽게 눈에 띄진 않지만, 수로 설명할 수 있는 패턴을 따르는 경우가 많아요.

그러니까 모든 게 수 패턴을 따른다는 말인가요?

그럴 거야, 그 패턴을 찾아낼 상상력만 있다면 말이야.

이 수열을 보세요.
뒤에 오는 수는 앞의 두 수의 합이에요.

$3+5=8$

0, 1, 1, 2, 3, 5, 8, 13, 21, 34

이 수가 내가 본 것 중 무언가와 닮았다면 정말 놀라울 텐데, 마커스.

그럼 놀랄 준비를 하렴, 니나!
이 수열은 무척 유용해서 이름도 가지고 있단다.
바로 '피보나치 수열'이야.

이 패턴은 정말 신기해.
수열에 나오는 수를 사용해 정사각형을 만들면 어떤 일이 일어나는지 보렴.

음, 멋진 나선이네요…
하지만 그래서요?

피보나치 수열은 자연에서 많이 찾아볼 수 있어요.

날씨

별

인간

동물

식물

내이(속귀)

씨앗의 배열

다른 패턴도 아주 많아요.
사실 인간이 즐기는 많은 일이 일종의 수 패턴이죠.
정말이에요.

음악이나 춤의 박자, 리듬 속에는 수 패턴이 숨어 있어요.

준비됐어?
1, 2, 3, 1, 2, 3.

알았어, 많은 게 패턴을 따르는군.
하지만 난 수가 없더라도
음악과 춤이 존재할 거라고 생각해.
좀 천천히 해, 니나!

모든 수학자가 이 견해에 동의하는 건 아니에요. 어떤 수학자들은 모든 것에 패턴이 있다고 생각하지만, 그렇게 생각하지 않는 수학자도 있어요.

놀라운 소수

어떤 수는 실제로 수천 년 동안 수학자들의 마음을 빼앗았어요. 바로 '소수'*예요.
이 놀라운 수는 아주 단순해 보이지만, 지금까지 풀리지 않은 수수께끼를 가지고 있답니다.

*여기서 말하는 소수(素數)는 자연수로, 소수점을 찍어 나타내는 소수(小數)와는 달라요. 소수(小數)는 일의 자리보다 작은 자리의 값을 가진 수예요.

소수(素數)는 오직 '1과 자기 자신'만으로 나눌 수 있는 자연수예요.
1에서 100까지 나타낸 다음 표에서 소수는 25개이고, 파란색으로 표시되어 있어요.

1은 1로만 나누어지기 때문에 소수가 *아니에요.*

2는 유일한 짝수 소수예요. 다른 모든 짝수는 2로 나누어지기 때문이지요.

1	2	3	4	5	6	7	8	8	10
11	12	13	14	15	16	17	18	19	20
21	22	23	24	25	26	27	28	29	30
31	32	33	34	35	36	37	38	39	40
41	42	43	44	45	46	47	48	49	50
51	52	53	54	55	56	57	58	59	60
61	62	63	64	65	66	67	68	69	70
71	72	73	74	75	76	77	78	79	80
82	82	83	84	85	86	87	88	89	90
91	92	93	94	95	96	97	98	99	100

17과 19처럼, 둘 사이에 하나의 수가 끼어 있는 소수의 쌍을 **쌍둥이 소수**라고 해요.

수가 커질수록 소수가 나타나는 빈도는 낮아져요. 하지만 수를 계속 센다면 소수도 계속 나타날 거예요.

지금까지 발견된 가장 큰 소수는 2,400만 자리가 넘어요.

1을 제외하고, 소수가 아닌 모든 자연수는 소수끼리 곱해서 만들 수 있어요.

99 = 3 x 33
　　= 3 x 3 x 11

100 = 10 x 10
　　 = 2 x 2 x 5 x 5

모든 수를 말이야?

맞아요, *모든 수를요.*
유클리드라는 수학자가 2,300여 년 전에 이를 증명했어요.

홀로그램 영상 재생: 유클리드

소수는 '모든' 수를 이루는 기본 구성 요소야.
이것을 어떻게 증명했는지 내가 보여 줄까?

음, 나중에요. 근데 소수가 무척 흥미로운 것이고,
왜 수학자들이 소수를 좋아하는지 알 것 같아요.
저… 하지만 그게 무슨 소용이 있나요?

실제로 소수가 *아주*
유용하다는 것이 나중에 밝혀졌지.

온라인 쇼핑

사람들이 온라인에서 결제할 때,
소수가 신용카드 정보를 안전하게 지켜 줘요.

온라인으로 신용카드 정보가 전송될 때는
수백 자리의 *아주* 큰 수가 암호로 사용돼요.
이 수는 정확히 두 개의 소수로만 나누어져요.
이 큰 수는 누구나 볼 수 있지만,
나누는 소수를 아는 건 판매자의 컴퓨터뿐이에요.
이 소수가 '열쇠' 역할을 하고,
판매자의 컴퓨터가 카드 정보를 열어서
결제를 완료할 수 있게 해 주지요.
이를 **암호화**라고 불러요.

홈　옷　무대 의상　장바구니

피자 의상 (치수: 중)

가격: 6만 원

다양한 크기와
장식 선택 가능

결제 진행 중… 잠시만 기다리세요.

수많은 컴퓨터를 동원하더라도,
두 소수를 알아내려면 최소한 몇 년은
걸리기 때문에 안전해요.

소수는 무척 쓸모가 많으므로 소수와 관련된 발견에
아주 큰 상을 수여하는 기관도 있어요.

전자 프런티어 재단

1억 자리가 넘는
소수를 발견하면
상금 15만 달러
(약 1억 9천만 원)

10억 자리가 넘는
소수를 발견하면
상금 25만 달러
(약 3억 2천만 원)

전자 프런티어 재단

클레이 수학연구소

소수가 나타나는
빈도에 관한 이론인
리만 가설을 증명한 사람에게
상금 100만 달러(약 12억 7천만 원).

경고! 이 이론을 이해하려면
수년간의 수학 공부가 필요함.

수가 점점 커지면…

수가 커지는 건 아주 좋은 일이 될 수도 있어요.
예를 들어 그 수가 저금을 가리킨다면요.
하지만 수가 무엇을 나타내든, 그것이 *어떻게* 커지는지 이해하는 것은 매우 유용해요.

만약 여러분이 방학 동안 아르바이트를 했고 두 가지 다른 방법으로 급여를 받을 수 있다고 생각해 보세요. 어느 쪽을 선택할 건가요?

보기 A
오늘 1만 원, 내일 1만 원, 모레 1만 원…
이런 식으로 한 달간.

보기 B
오늘 10원, 내일 20원, 모레 40원, 글피 80원, 그글피 160원…
이런 식으로 한 달간.

보기 A지. 더 큰 돈을 벌 수 있잖아! 30만 원이라고!

맞아. 보기 B는 동전 몇 푼밖에 안 돼.

인간의 뇌는 정말 이상하고 비논리적이로군요.

먼저, 보기 B를 선택하면 *사실* 처음 며칠 동안은 동전으로 급여를 받기 때문에 보기 A보다 적게 받을지도 몰라요. 하지만 2주 후에 어떤 일이 일어나는지 보세요.
그리고 한 달이 되면….

날짜	1	2…	…13	14	15	16…	…29	30
A	10,000원	10,000원	10,000원	10,000원	10,000원	10,000원	10,000원	10,000원
B	10원	20원	40,960원	81,920원	163,840원	327,680원	2,684,354,560원	5,368,709,120원

보기 B를 선택한 경우, 급여는 매일 두 배가 되어요.
그래서 적은 금액으로 시작했더라도, *매우 빠른 속도로* 커져요.
30일이 되면 보기 A는 총 30만 원을 받지만, 보기 B를 선택했다면 총 100억 원이 넘는 돈을 받게 될 거예요!

보기 A

매일 받는 금액이 변하지 않아요.
이러한 증가를 **선형 성장**이라고 해요.
그래프로 그리면 직선이 되지요.

보기 B

받는 돈이 빠른 속도로 증가해요.
이러한 성장을 **지수 성장**이라고 해요.
그래프로 그리면 점점 가파르게 올라가는 곡선이 돼요.

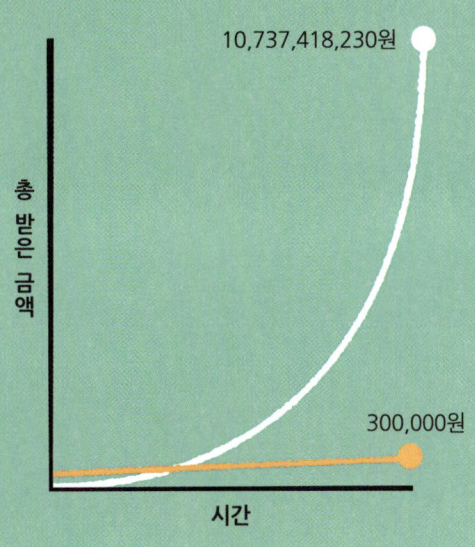

만약 어떤 수가 지수 성장식, 즉 기하급수적으로 커지면 뒤쫓아 가기가 쉽지 않아요.
때때로 완전히 통제 불가능한 상태가 되어 심각한 결과를 낳기도 하지요.
예를 들어, 전염병 대유행 기간에 바이러스가 퍼지는 것처럼요.

어떤 사람이 신종 바이러스에 걸린 채 도시로 왔다고 상상해 보세요.
바이러스가 있는 사람은 병에 걸린 일주일 동안 평균적으로 5명을 감염시켜요.

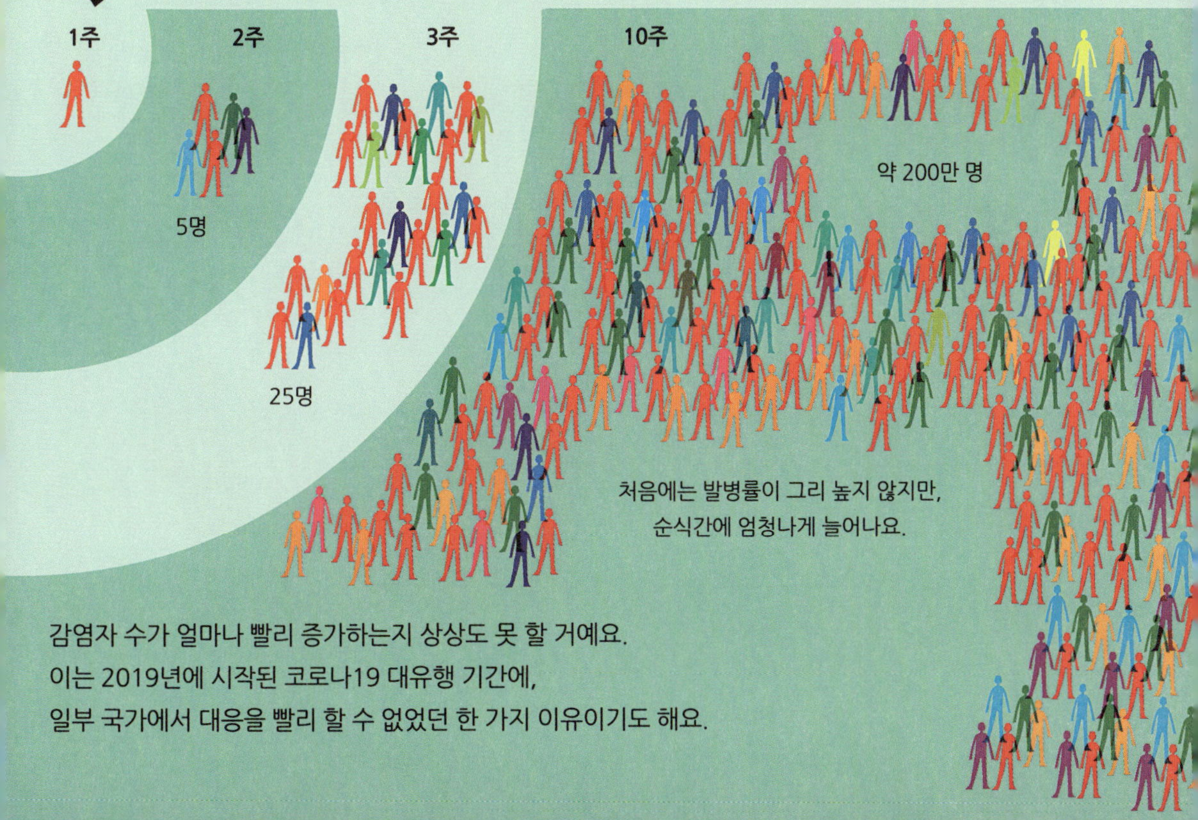

1주　2주　3주　10주

5명

25명

약 200만 명

처음에는 발병률이 그리 높지 않지만,
순식간에 엄청나게 늘어나요.

감염자 수가 얼마나 빨리 증가하는지 상상도 못 할 거예요.
이는 2019년에 시작된 코로나19 대유행 기간에,
일부 국가에서 대응을 빨리 할 수 없었던 한 가지 이유이기도 해요.

수의 균형 맞추기

만약 모르는 값이 있다면, 다른 값과 비교하고 균형을 맞춰 그 값을 찾을 수 있어요. 이처럼 수학적으로 균형을 맞추는 것을 **대수학**이라고 해요.

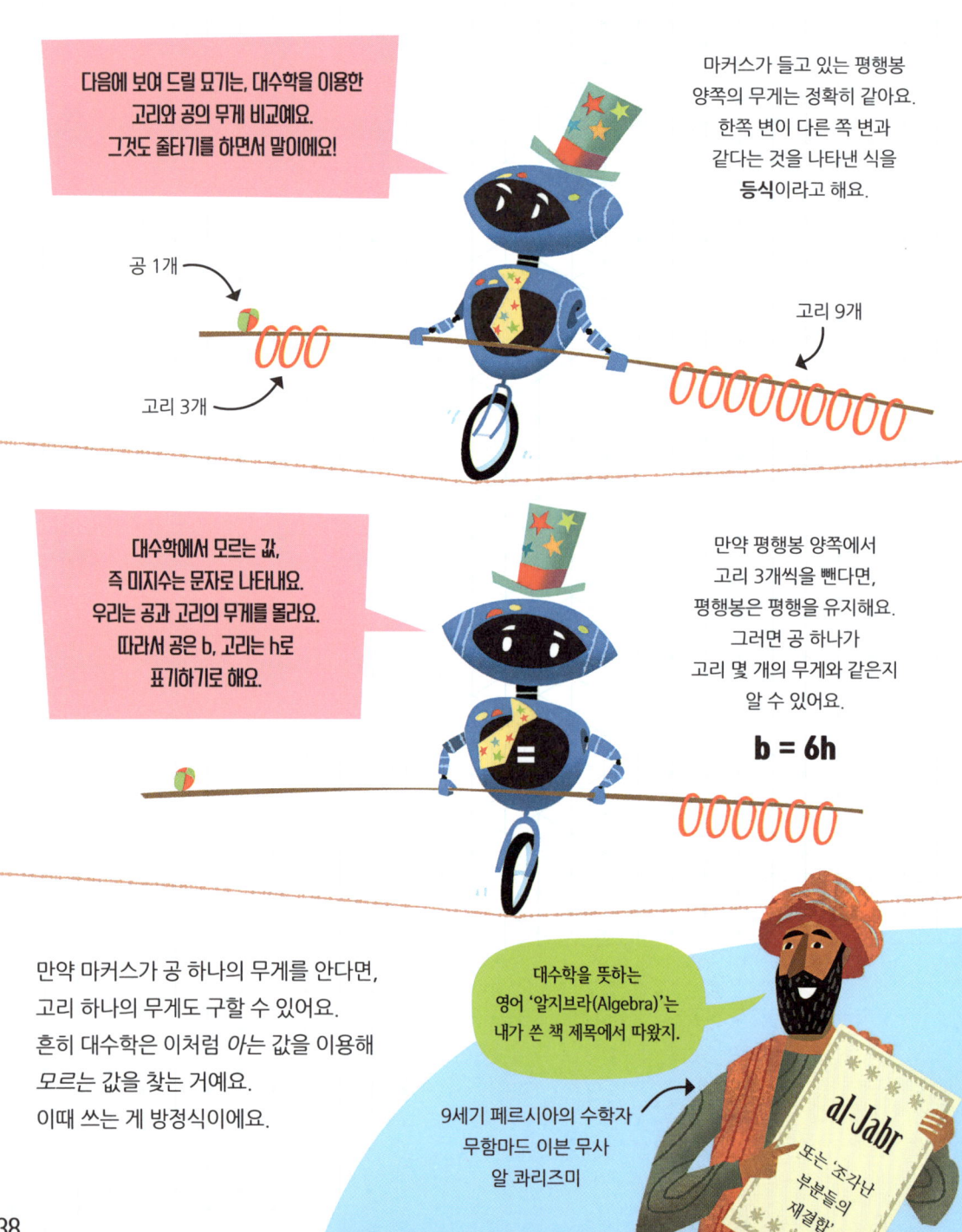

다음에 보여 드릴 묘기는, 대수학을 이용한 고리와 공의 무게 비교예요. 그것도 줄타기를 하면서 말이에요!

마커스가 들고 있는 평행봉 양쪽의 무게는 정확히 같아요. 한쪽 변이 다른 쪽 변과 같다는 것을 나타낸 식을 **등식**이라고 해요.

공 1개
고리 3개
고리 9개

대수학에서 모르는 값, 즉 미지수는 문자로 나타내요. 우리는 공과 고리의 무게를 몰라요. 따라서 공은 b, 고리는 h로 표기하기로 해요.

만약 평행봉 양쪽에서 고리 3개씩을 뺀다면, 평행봉은 평형을 유지해요. 그러면 공 하나가 고리 몇 개의 무게와 같은지 알 수 있어요.

$b = 6h$

만약 마커스가 공 하나의 무게를 안다면, 고리 하나의 무게도 구할 수 있어요. 흔히 대수학은 이처럼 *아는* 값을 이용해 *모르는* 값을 찾는 거예요. 이때 쓰는 게 방정식이에요.

대수학을 뜻하는 영어 '알지브라(Algebra)'는 내가 쓴 책 제목에서 따왔지.

9세기 페르시아의 수학자 무함마드 이븐 무사 알 콰리즈미

al-Jabr
또는 '조각난 부분들의 재결합'

대수학은 서로 다른 것들이 어떻게 서로 연결되는지 보여 주지요.
설사 어떤 특정한 값을 알 수 없어도 가능해요.
과학자들은 대수학을 이용해, 분명하고 단순한 방식으로 거대한 개념을 설명할 수 있게 되었어요.

이 방정식은 지구와 어느 별 사이의 거리를 계산하는 방법을 보여 줘요.
계산에는 단 두 개의 문자만 사용해요.

d는 별까지의 거리예요. **파섹**(약 3.26광년 또는 약 31조 킬로미터)이라는 단위를 사용해요.

$$d = \frac{1}{p}$$

p는 각초(아주아주 작은 각의 단위)로 시차각을 측정한 값이에요. 시차각이란 지구에서 봤을 때 별이 6개월 동안 움직인 각도예요.

'p'의 값을 넣으면 몰랐던 'd'의 값을 찾을 수 있어요. 예를 들어 시리우스라고 불리는 별은 시차각이 0.38각초예요. 그러니까 지구로부터 약 2.6파섹 떨어져 있다는 걸 알 수 있어요.

대수학의 쓰임새

과학

과학자들은 상상을 넘어서는 복잡한 현상을 설명하기 위해 대수학을 사용해요. 예를 들어, 우주가 어떻게 변하고 있는지, 또 현재 존재하는 가장 작은 입자가 어떻게 움직이는지 계산해서 알아내요.

사업

사업가는 대수학을 사용해 수익을 계산하고, 투자가 어떤 결과를 낼지 예측해요.

건축

건축가는 대수학을 사용해 필요한 자재의 양이나 완공까지 걸리는 시간을 알아낼 수 있어요.

공학과 컴퓨터

대수학이 없다면 컴퓨터 과학자는 최첨단 컴퓨터 프로그램을 작성할 수 없을 거예요. 또 공학 기술자가 스릴 넘치는(하지만 *안전한*) 롤러코스터를 만들지도 못했겠지요.

이상한 수

세상에는 이상한 수가 아주 많아요.
어떤 건 아주 유용하지만, 그냥 흥미롭기만 한 수도 있어요.
어디선가 보게 될지도 모르는 이상한 수를 몇 가지 알아볼까요?

완전수

완전수란, 자기 자신을 제외한
모든 약수(어떤 수를 나누어떨어지게 하는 수)를 다 더했을 때,
자기 자신이 되는 수를 말해요.

가장 작은 완전수는
6이에요.
6의 약수: 1, 2, 3, 6
1 + 2 + 3 = 6

그다음 완전수는 28, 496, 8128이에요.
완전한 건 정말 찾기 힘들어요.

신비로운 수

앞에서 수가 우주를 설명할 때 어떻게 쓰이는지 보았어요.
그런데 어떤 사람들은 수에 신비로운 속성이 있어서 사람의 성격이나 운명을 알려 준다고 믿어요.
이를 **숫자점**이라고 해요.

'운명의 숫자'를 찾으려면, 한 자릿수가 될 때까지 생년월일의 각 수를 더해요.
예를 들어, 2012년 8월 1일에 태어났다면, 운명의 숫자는 다음과 같이 구해요.

$$2 + 0 + 1 + 2 + 8 + 1 = 14$$
$$1 + 4 = 5$$

숫자점을 보는 점술가들은 각각의 수가
사람의 미래를 나타낸다고 믿어요.
예를 들어 5는 자유와 변화의 운명을 뜻해요.

대부분의 수학자는 숫자점이 재미는 있지만,
믿을 건 못 된다고 생각해요.

자유와 변화

창의성,
장난기와 독립심

지성

놀라운 수, 9

만약 어떤 수에 9를 곱한 다음, 한 자릿수가 나올 때까지 각각의 자릿수를 더하면 정답은 항상 9가 돼요.
한번 해 보세요.

8×9=72
7+2=9

104×9=936
9+3+6=18
1+8=9

손으로 하는 9단의 원리와 비슷한 마술이에요.

9×4의 정답을 찾으려면
두 손을 내민 다음,
네 번째 손가락을 접어요.

정답은 접은 손가락의
왼쪽에 있는 손가락 수와
오른쪽에 있는 손가락 수,
그러니까 36이에요.

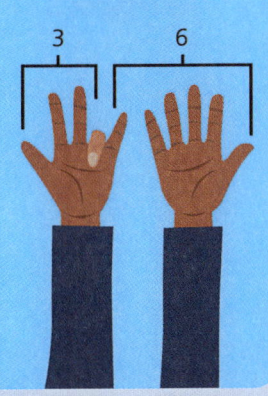

항상 같은 정답

1. 뒤로 갈수록 작아지는 세 자리 숫자를 고르세요.

831

2. 자릿수의 순서를 뒤집어요.

138

3. 원래 수에서 두 번째 수를 빼요.

831 − 138 = 693

4. 자릿수의 순서를 뒤집어요.

396

5. 위 3번과 4번의 값을 더해요.

693 + 396 = 1089

어떤 숫자를 고르든, 항상 1089가 나와요.
한번 해 보세요!

난수

난수는 특정한 순서나 규칙이 없는 수예요.
그래서 다음에 어떤 수가 나올지 예측할 수 없어요.

사람의 뇌는 절대 아무렇게나 일하지 않아요.
예를 들어 수학자들은, 사람들에게
1부터 10까지 중에서 숫자를 마음대로 고르라고 하면,
1과 10을 선택하는 사람은 거의 없다는 사실을
잘 알고 있죠(많은 사람이 3이나 7을 골라요).

컴퓨터조차도 인간이 작성한 명령을 따르기 때문에,
진정한 난수를 만들 수 없어요.

수학을 계속 배운다면
이상한 수를 더 많이 알게 될 거예요.
무리수, 허수, 초월수….

제3장
도형과 측정

수가 수학의 전부라고 생각하기 쉽지만, 도형도 수만큼이나 중요해요.
도형을 연구하는 수학 분야를 **기하학**이라고 하는데,
수천 년 동안 수학자들의 관심을 받아 왔지요.
기하학은 영어로 '지오메트리(Geometry)'라고 해요.
고대 그리스어로 '땅을 측정하는 일'이라는 뜻이에요.
바로 고대 그리스 수학자들이 기하학을 사용한 까닭이지요.

하지만 기하학으로 할 수 있는 일은 그 밖에도 많아요.
멋지고 예술적인 패턴을 만들거나 아름다운 건축물을 설계하고,
별의 위치를 알아내거나 우주를 측정하는 데도 사용되었지요.
또한 수학자들은 기하학을 사용해 엄청나게 복잡한 문제들을
해결해 냈어요. 그저 몇 가지 간단한 법칙들만 가지고서 말이에요.

고대 그리스인은 어떻게
지구 크기를 측정했을까?
자나 워킹미터기를 이용하지 않은 건
확실한 것 같은데…….

그런 방법은 아니었으면 좋겠어.
몇 분밖에 안 되었는데
벌써 손에 물집이 생겼어.

걱정하지 마세요.
지구를 한 바퀴 다 돌 필요는 없어요.
그냥 그림자 길이만 측정하면 돼요.

도형 만들기

수와 기호가 연산의 구성 요소이듯이,
기하학도 다음과 같은 몇 가지 기본 개념에서 시작해요.

점은 길이나 너비가 없어요. 단순히 공간에 있는 하나의 위치를 나타내요.

직선은 두 점 사이를 잇는 가장 거리가 짧은 선이에요.

선은 서로 결합하여 평면 도형, 즉 **2차원** 도형을 만들어요.

선이 만나면 **각**이 생겨요. 각은 선과 선 사이의 공간을 측정해요.

2차원 도형이 결합하여 입체 도형, 즉 **3차원** 도형을 만들어요.

원의 중심에서 원의 가장자리까지의 길이는 어디나 똑같아요. 이를 **반지름**이라고 해요.

빨간색 선이 **평행**하다면, 이 두 각의 크기는 정확히 똑같아요.

기하학에서는 간단한 도구를 사용해 값을 측정해요.

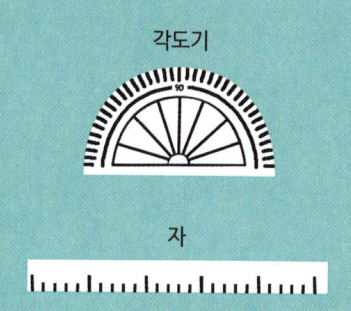

각도기

자

눈금실린더

줄자

워킹미터기

미터, 피트, 도 등 단위는 기하학에서 값을 나타내는 데 사용되지요.

도구를 써서 값을 측정한다는 건 누구나 쉽게 생각할 수 있어요.
그런데 수학자들은 *쉽게 측정할 수 없는* 문제를 해결할 때도 이런 방법을 사용해요.

지구 측정하기

2,200년 전, 그리스의 수학자 에라토스테네스는 지구 둘레를 매우 정확하게 측정했어요. 에라토스테네스가 사용한 방법은 다음과 같아요.

에라토스테네스는 시에네라는 도시에서는 정오에 건물의 그림자가 생기지 않는다는 사실을 알아차렸어요.

하지만 약 800킬로미터(km) 떨어진 알렉산드리아에서는 건물의 그림자가 생겼어요.

그는 알렉산드리아에서 막대기를 꽂은 다음, 막대기 끝과 막대기의 그림자 끝이 이루는 각도를 측정했어요. 그런 다음, 평행선의 법칙을 써서 지구 표면에 있는 두 도시 사이의 각도를 알아냈어요.

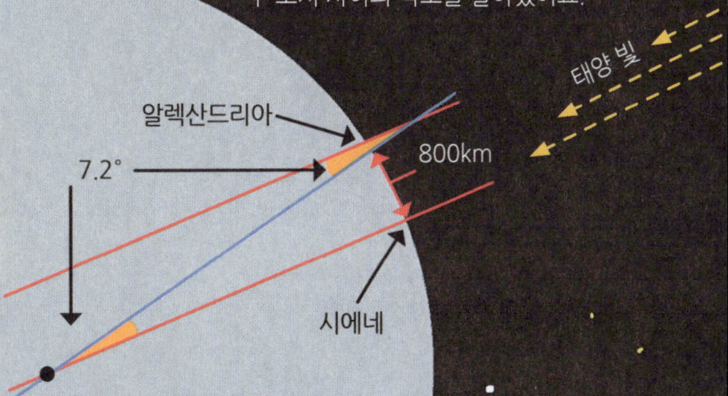

7.2°가 360°가 되려면 정확히 50배하면 돼요. 그러므로 지구의 둘레는 알렉산드리아와 시에네 사이 거리의 50배가 되겠지요. 이것으로 에라토스테네스는 지구 둘레를 40,000km라고 생각했는데, 이것은 현대의 측정값인 40,075km와 아주 비슷하지요.

도형으로 생각하기

수학자만 기하학이라는 도구를 사용하는 것은 아니에요.
설계사나 건축가, 예술가 등 다양한 일을 할 때도 도형을 다루는 수학이 필요해요.

꼭 도형을 다룰 때가 아니어도, 인간은 기하학적으로 생각할 때가 많아요.

예를 들어, '가까운' 친구나 '먼' 친척이라고 말할 때, 이미 기하학적 개념을 사용하고 있는 거예요.

마커스, 지금 너와 가장 가까운 친구가 나야?

신기한 파이

원은 모서리나 일직선으로 뻗은 부분이 없어요. 그래서 다른 도형들보다 연구하기가 쉽지 않았지요. 하지만 수학자들은 원에 대한 연구를 통해 가장 유용한 수 하나를 발견했어요. 바로 **파이**라는 수예요.

원의 크기에 상관없이, 원주를 지름으로 나눈 값은 항상 같아요.

원주(원의 둘레)
반지름
지름
중심

3.1415926535897932384626433832795028841971693999375105
8209749445923078164062862089986280348253421170679…

소수점 100자리까지 표시했지만, 수는 끊임없이 계속되어요. 사실 이 값은 *무한히* 많은 자릿수를 가지고 있어요. 그 수를 다 쓰는 건 불가능해요. 분수로 나타낼 수도 없어요. 그래서 그리스 수학자들은 이것을 그리스 문자인 **π(파이)**로 표기하기로 했지요.

파이처럼 영원히 계속되고, 분수로 표현할 수 없는 수를 '무리수'라고 해요.

파이를 사용하면, 어떤 원이든 반지름만 알면 원의 둘레와 넓이를 계산할 수 있어요.

그러니까 이 *조각*만 가지고 피자 *전체*의 둘레를 구할 수 있다는 거네.

맞아요. 피자 한 조각으로 피자 전체의 넓이도 알 수 있지요.

하지만 파이는 단지 원을 계산할 때만 쓰는 건 아니에요. 우주 비행이나 행성의 움직임을 계산하는 데도 사용되지요.

파이는 무척 신기한 수예요. 그래서 어떤 수학자들은 3월 14일(3.14)이나 7월 22일($\frac{22}{7}$ - 파이의 근삿값인 분수)에 '파이 데이'를 기념하는 파티를 열기도 해요. 이 행사에서는 파이를 나누어 먹고, 파이 값을 가장 많이 외우는 사람을 뽑는 대회도 열어요.

최근 기록은 2005년에 세워졌는데, 무려 소수점 이하 67,890자리였어요.

3.14159265358979323846264338327950288419716939937510582097494...

하지만 파이가 영원히 계속되어 다 적을 수 없다면, 문제를 풀 때 파이를 어떻게 이용할 수 있을까?

나한테 묻지 마. 난 그냥 파이를 먹으러 왔으니까.

일반적으로 3.14로 풀어도 충분하단다. 신기하지?

47

확대하기

대칭은 회전이나 뒤집기를 하는 경우에만 볼 수 있는 건 아니에요.
어떤 모양은 몇 번을 확대하더라도 계속 똑같은 모양이 나타나요. 이런 패턴을 **프랙털**이라고 해요.

이 패턴에서 작은 육각형을
확대해 보면…

…또다시 똑같은 패턴을
볼 수 있고…

…계속 반복되지요.

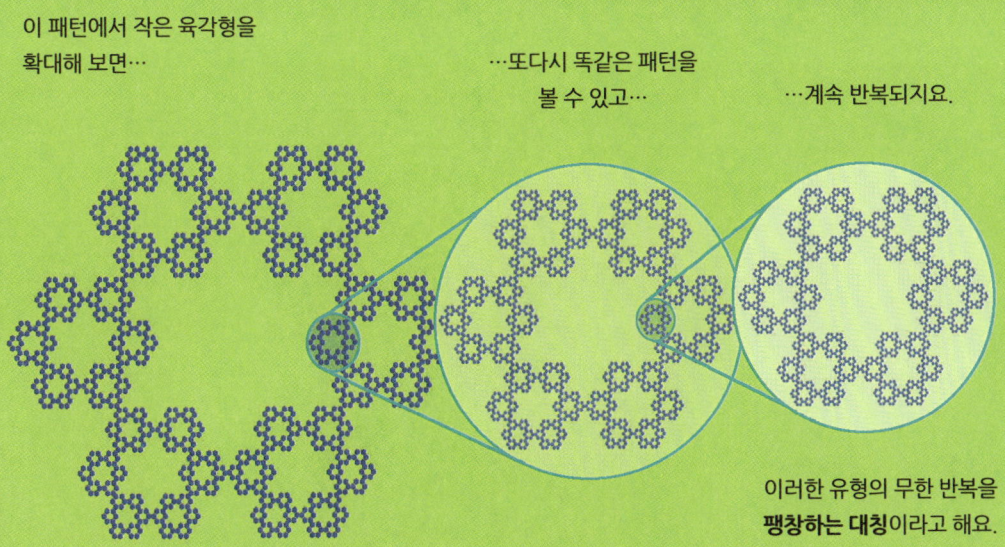

이러한 유형의 무한 반복을
팽창하는 대칭이라고 해요.

프랙털은 단순히 눈을 어지럽히는 무늬가 아니라, 현실 세계에서 아주 유용하게 쓸 수 있는 개념이라는 게 밝혀졌어요. 예를 들어, 해안선처럼 복잡한 모양을 정확하게 측정하는 것이 왜 불가능한지 설명할 수 있게 해 주거든요.

해안선을 확대하면,
길이가 길어지고…

…또 더 길어지고…

…세세한 부분들이
자꾸자꾸 드러나지요.

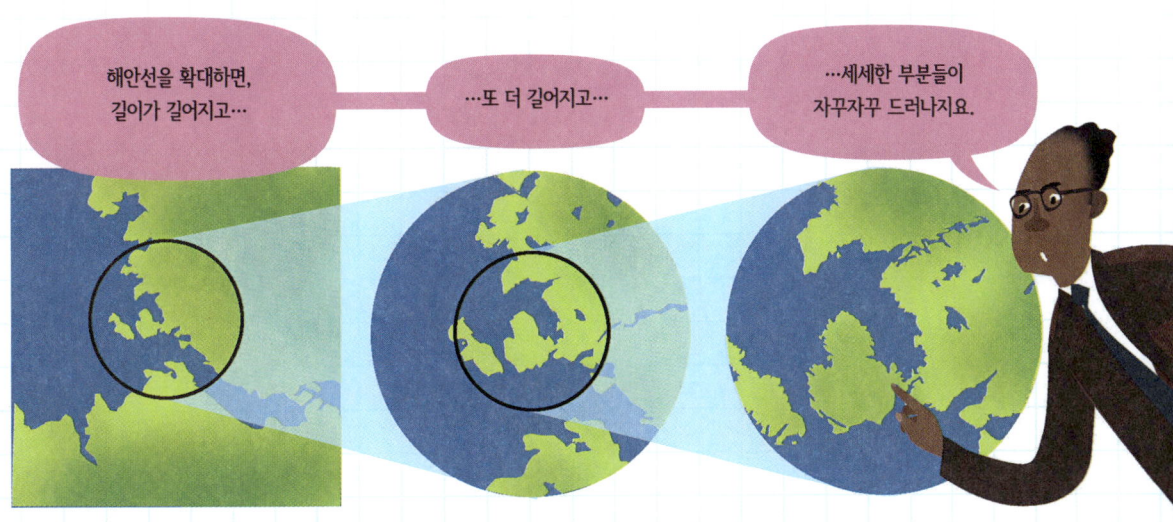

프랙털은 다양한 용도로 사용되어요.
예를 들면, 휴대 전화 내부에 있는 작은 안테나는 프랙털 구조로 만들어져서,
아무리 길어도 아주 좁은 공간 안에 들어갈 수 있어요.

머그잔인가요, 도넛인가요?

기하학이라고 하면 보통 삼각형의 각을 가지고 호들갑을 떨거나 원, 정육면체, 각뿔 등을 측정하는 것을 생각할 때가 많아요. 하지만 어떤 수학자들은 이런 도형이 모두 같은 것이라고 말해요.

위상 수학을 연구하는 수학자들은 도형의 측정이나 도형의 여러 성질보다는 도형의 근본적인 특성에 더 관심이 있어요.

위상 수학에서는 어떤 도형을 자르거나 덧붙이거나 구멍을 뚫지 않는 한, 단지 주무르고 구부려서 다른 도형으로 만들었다면 본질적으로 같은 도형이라고 생각해요.

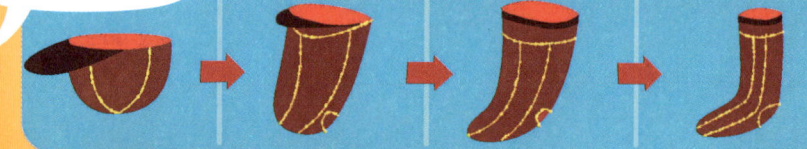

꼬아서 한 바퀴

제대로 이해하기가 아주 까다로운 모양도 있어요. **뫼비우스의 띠**로 알려진 아래 도형을 살펴보세요. 이 도형은 발견한 사람의 이름을 따서 이런 이름이 붙었어요.

손가락으로 이 고리의 표면을 따라간다고 상상해 보세요. 자, 손가락으로 모서리를 따라 돌아요.

출발 지점에 다시 도착하려면 이 고리를 두 바퀴 돌아야 해요.

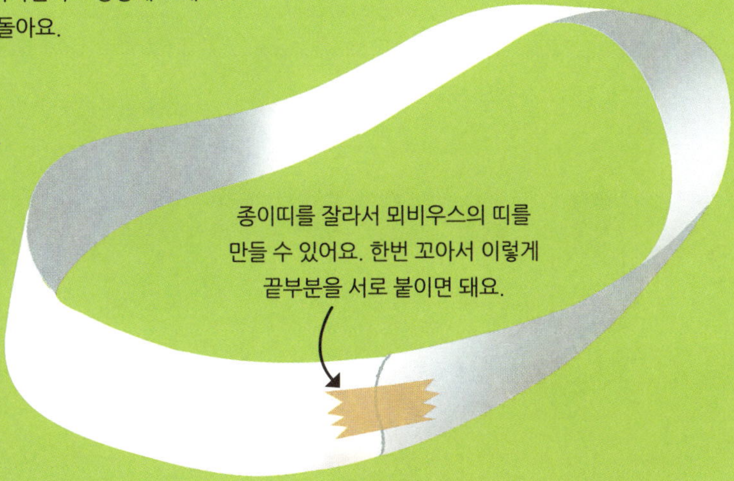

왜냐하면 뫼비우스의 띠에는 *단 하나*의 면과 *단 하나*의 모서리만 있기 때문이에요.

종이띠를 잘라서 뫼비우스의 띠를 만들 수 있어요. 한번 꼬아서 이렇게 끝부분을 서로 붙이면 돼요.

뫼비우스의 띠는 면이 하나뿐이기 때문에 윗면이나 아랫면의 구분이 없어요. 위상 수학자는 방향이 정해져 있지 않다고 해서 이것을 **비가향적** 도형이라고 불러요.

뫼비우스의 띠는 컨베이어 벨트 같은 운반 장치에 쓰여요. 양면 벨트일 때는 사용되는 면이 먼저 닳지만, 뫼비우스의 띠는 그런 문제가 없으니까 더 오래 사용할 수 있어요.

어때요, 신기한가요? 그렇다면 모서리가 전혀 없는 **클라인 병**을 살펴보세요.

클라인 병을 *실제*로 만들 수는 없어요. 하지만 시도해 본다면 아마 이와 비슷한 모양이 될 거예요.

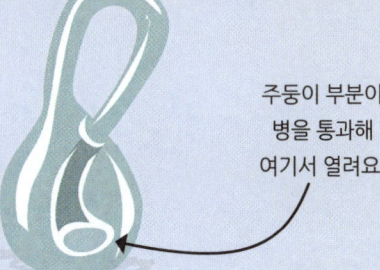

주둥이 부분이 병을 통과해 여기서 열려요.

A에서 B로 가는 길

A에서 B로 가는 가장 빠른 길을 찾으려면 둘 사이에 직선을 그으면 돼요.
아주 간단해 보이지만, 사실 현실 세계에서는
기하학의 법칙이 조금 다르게 적용돼요.

난 정말 제대로 된 휴가를 기대했어요.
무한호텔에서 많이 쉬지도
못했는데…….

맞아! 수학은 잠시 잊고
휴가를 떠나자.

잠깐… 우리 왜 이렇게
돌아가는 거야?

직선으로 날아갔더라면
몇 시간 전에 도착했을 텐데!

직선이 가장 짧은 거리이긴 해요.
단, 지구가 평평하다면요.
기하학은 구에서는 약간 다른 법칙을 따라요.

구 위에 있는 두 점 사이의 최단 거리는
대원 위에 있어요.

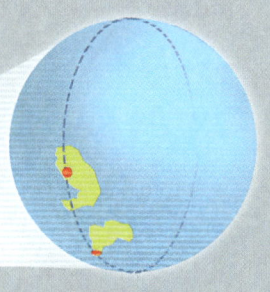

대원이란 구를 정확히 반으로 나누는
모든 선을 말해요.

곡면 위에서 기하학을 사용하면 예상치 못한 결과가 나올 수 있다는 것이 밝혀졌어요.

기하학은 별난 도형을 연구하는 것뿐만 아니라, 과학자들이 뇌의 구조나 행성의 운동, 우주의 본질을 연구하는 데도 도움을 주어요.

우주는 어떤 모양일까요?

우주는 너무나 광활해서 어떻게 생겼는지 *살펴보기* 힘들어요.
하지만 과학자들은 기하학과 위상 수학을 이용해 이론을 만들고,
또 그 이론을 시험해 보아요.

우주는 평평할지도 몰라요.
한 장의 종이처럼요.

이 이론에 따르면, 직선은 계속 이어지고,
평행선은 절대 만나지 않아요.
그리고 삼각형의 세 각의 합은 180°예요.

아니면 구 모양으로
구부러져 있을 가능성도 있지요.

이런 이론이라면, 직선은 결국 출발점으로 돌아와요.
지표면 둘레를 나는 비행기처럼요.
그리고 삼각형의 세 각의 합은 180°보다 클 거예요.

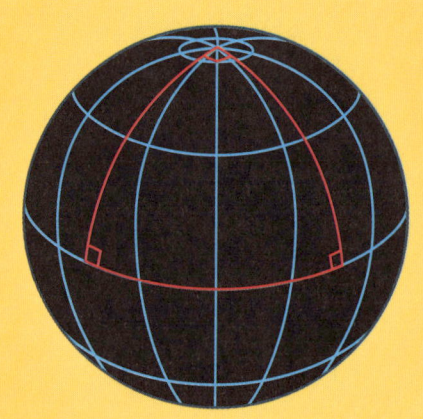

아니면 우주는
말안장 모양일지도 몰라요.

만약 그렇다면, 삼각형의 세 각의 합은
180°보다 작을 거예요.

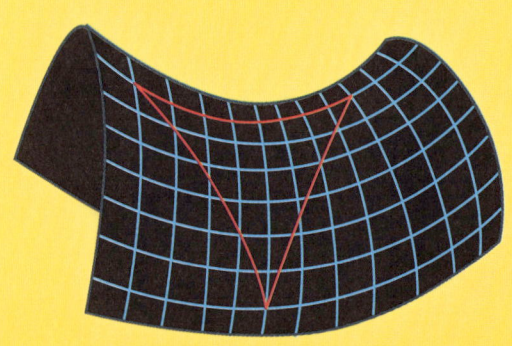

우주의 생김새가 어떻든 간에,
우주는 공간에 존재하는 어떤 모양일
뿐만 아니라, 시간 속에서 존재해요.
따라서 우주를 그리는 것은
거의 불가능해요.

과학자들은 우주가 어떤 모양인지 조사하는 주된 방법으로
우주 삼각형을 측정하는 방법을 써요.

아주 먼 우주 공간에는 우주 배경 복사가 있어요.
과학자들은 우주 배경 복사란, 빅뱅 당시 존재한 방사선이라고 생각해요.
성능이 매우 강력한 망원경으로 이 방사선의 열점과 냉점을
감지할 수 있어요.

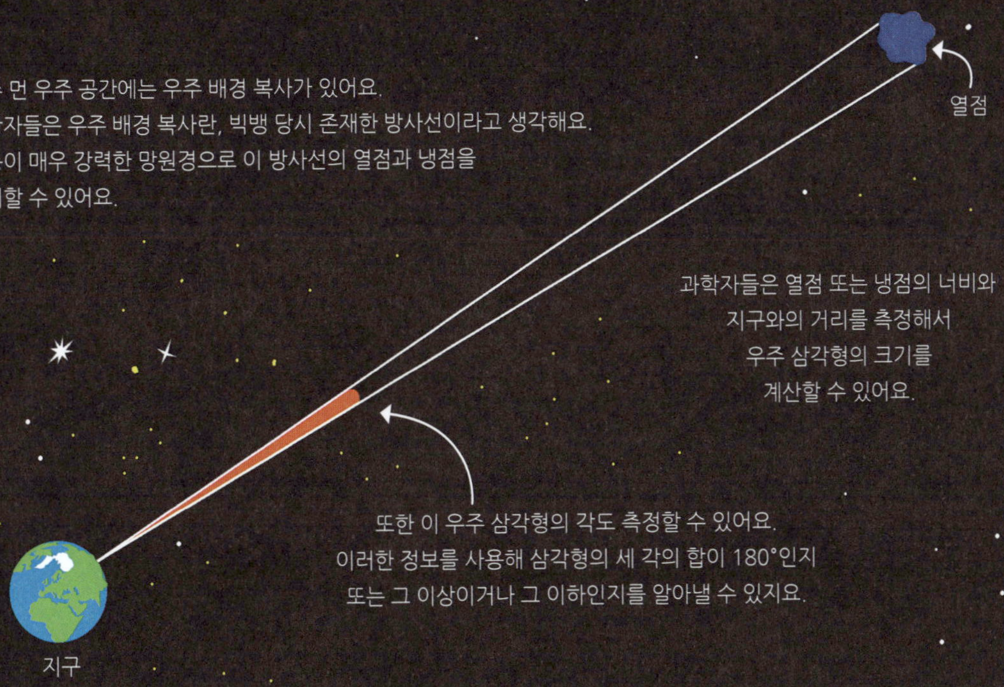

열점

과학자들은 열점 또는 냉점의 너비와
지구와의 거리를 측정해서
우주 삼각형의 크기를
계산할 수 있어요.

또한 이 우주 삼각형의 각도 측정할 수 있어요.
이러한 정보를 사용해 삼각형의 세 각의 합이 180°인지
또는 그 이상이거나 그 이하인지를 알아낼 수 있지요.

지구

지금까지 알려진 증거는 대부분 우주가 평평하거나, 적어도 거의 평평하다는 사실을 가리켜요.

그런데 우주는 우주 삼각형에 비해 어마어마하게 거대하므로,
과학자들이 어떠한 곡률*도 감지하지 못했을 가능성도 있어요.

*곡률: 구부러진 정도를 표시하는 값.

땅에 그린 삼각형의 각도를 측정할 때
지구의 곡률을 감지하지 못하는 것과
마찬가지야.

훨씬 더 정확한
측정 도구를 쓴다면
알 수 있을지도 모르지.

제4장
수학을 그림으로 나타내기

수학은 머릿속으로만 이해하는 게 어려울 때가 많아요.
그럴 때는 **도표**, **그래프** 등 그림으로 나타내면 쉬워요.
그림은 상황을 정확히 파악할 수 있게 해 주고
까다로운 문제를 풀 때도 도움이 되지요.
수학을 그림으로 나타내면 현실에 없는 것도 볼 수 있고,
상상하기 힘든 것도 떠올릴 수 있어요.

도표는 일상생활에서 생각보다 흔하게 볼 수 있어요.
버스 노선도나 지도를 보며 여행을 계획할 때마다,
사실은 도표를 사용해 수학 문제를 풀고 있는 거예요.

그림으로 나타내요!

어려워 보이는 수학 문제를 도표나 그림으로 그리면 훨씬 쉽게 이해할 수 있어요. 이처럼 문제 상황을 시각화하면 해결 방법을 눈으로 '볼' 수도 있어요.

니나, 마커스에게서 이상한 메시지를 받았어.

마커스 3.0에게서 온 메시지
배터리 고장. 전원에 연결하세요.
위치 오류!

송신탑 A까지 거리: 41m
송신탑 B까지 거리: 18m
송신탑 C까지 거리: 24m
저를 찾아 주세요.

저런, 마커스를 찾아야 해. 배터리가 고장 난 로봇이라니, 큰일이네. 송신탑 A, B, C가 어디 있는지 알아?

이것 봐, 지도에 송신탑이 나와 있어. 마커스는 분명히 이 사이에 있을 거야.

각 송신탑에서 마커스가 있을 만한 위치를 그려 보면 *정확히* 어디에 있는지 알 수 있을 거야. 컴퍼스가 필요해!

이게 마지막 원이야. 송신탑 C에서 24미터 떨어진 거리지.

송신탑 A 송신탑 B 송신탑 C

10m 20m 30m 40m

아하, 그렇다면 분명 세 개의 원이 서로 만나는 지점에 마커스가 있을 거야. 가자!

찾았다!

망가지지는 않았겠지…….

만약 어떤 문제에 맞닥뜨렸다면, 그림을 그려 보세요. 그러면 문제를 다른 방식으로 바라볼 수 있기 때문에 문제 해결에 도움이 될 거예요.

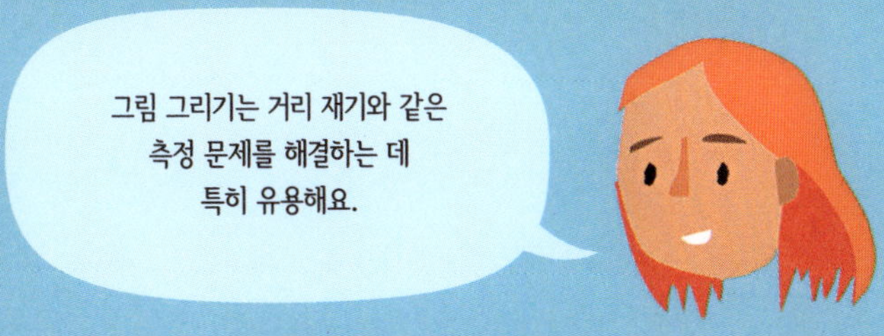

그림 그리기는 거리 재기와 같은 측정 문제를 해결하는 데 특히 유용해요.

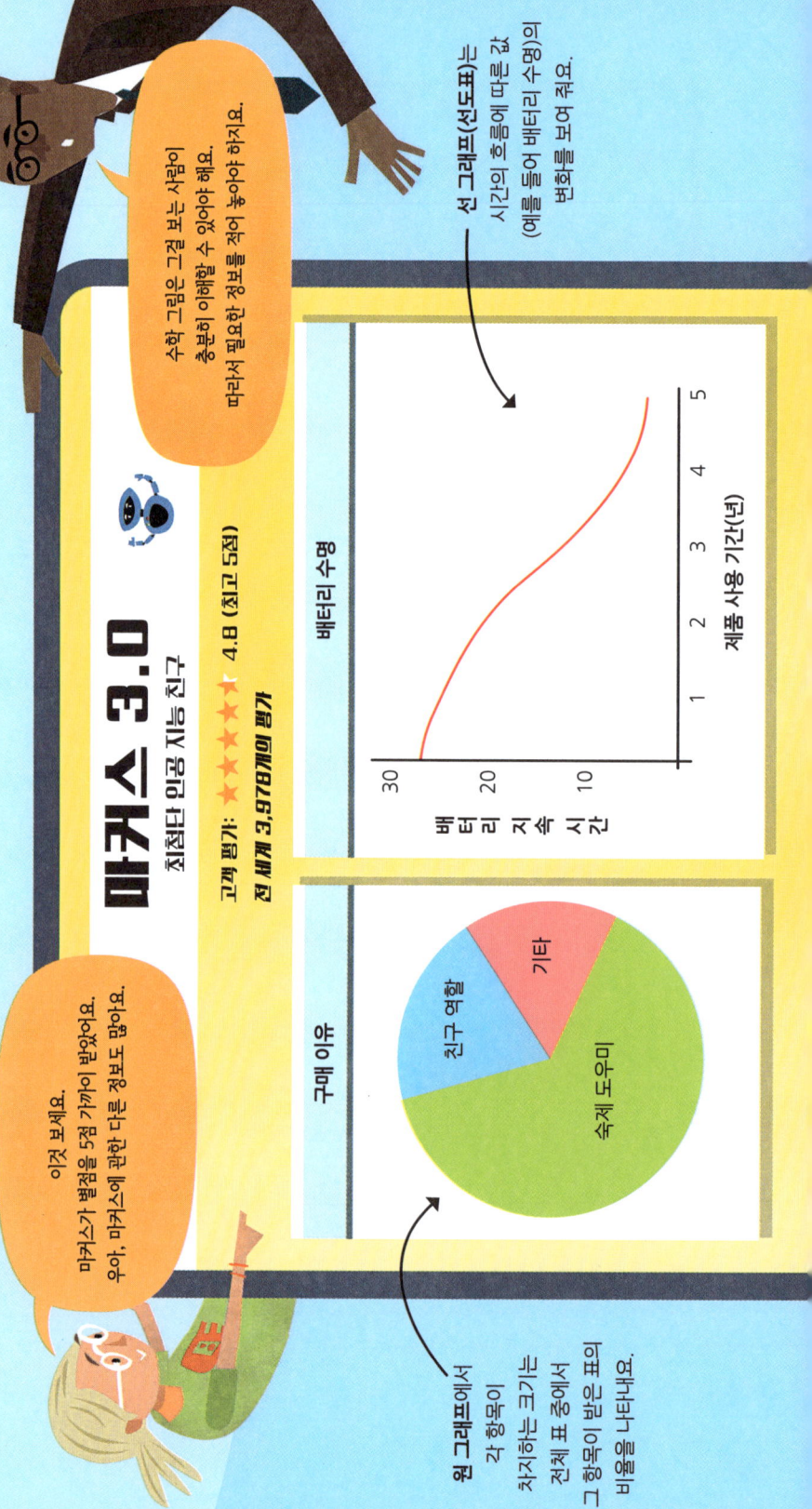

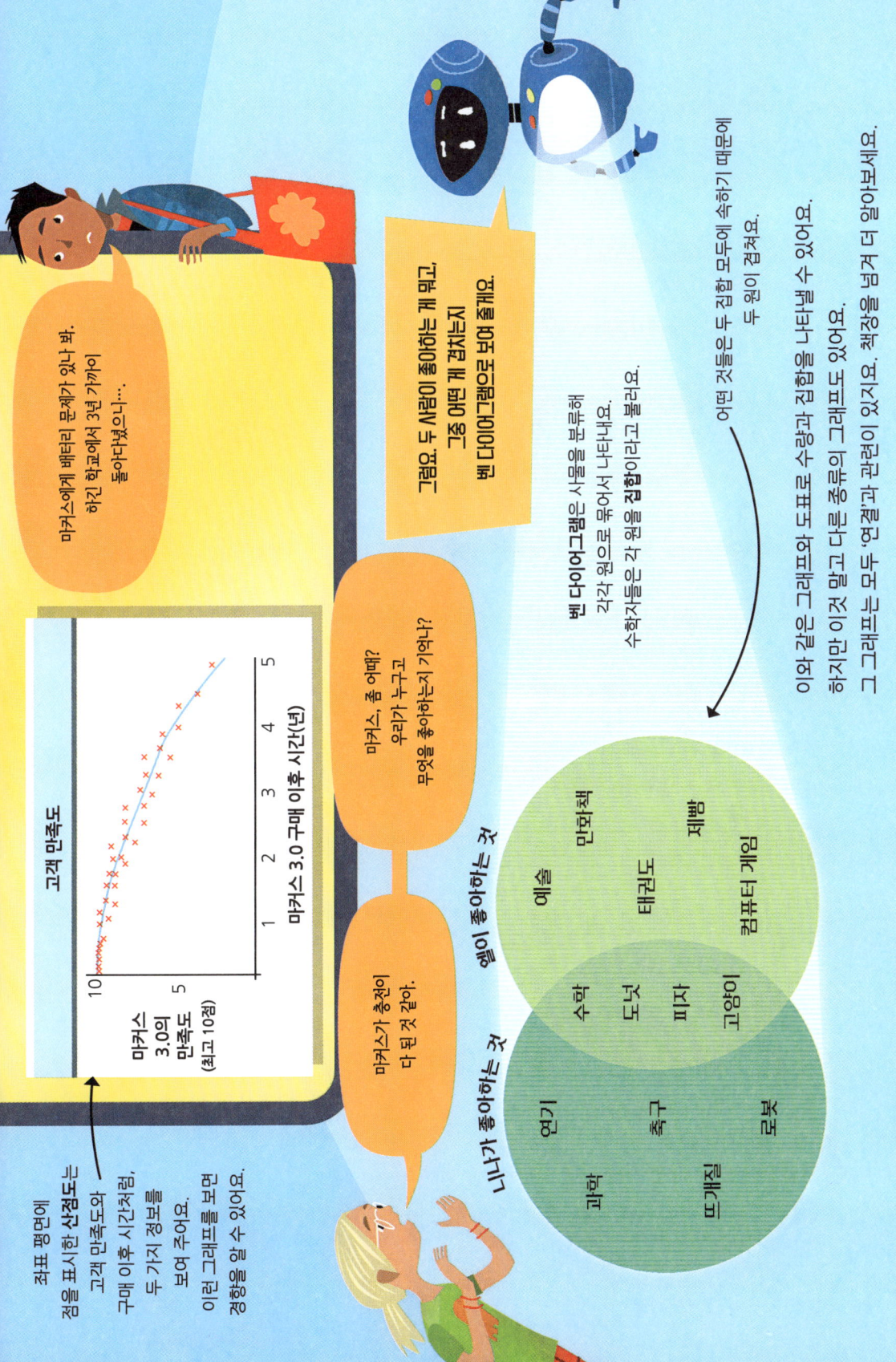

점 연결하기

이 세상은 복잡한 연결망으로 가득 차 있어요. 도시 곳곳을 연결하는 도로와 다리에서부터 우리 뇌 속 뉴런의 경로까지 다양한 연결망이 있죠. 수학을 이용해 이러한 연결을 더 잘 이해할 수 있고, 연결망이 더 원활하게 작동하도록 만들 수 있어요.

아래 지도는 1700년대 프로이센의 도시 쾨니히스베르크(오늘날 러시아의 칼리닌그라드)의 모습이에요. 도시의 각 구역은 빨간색으로 표시된 7개의 다리로 연결되었어요.

이 문제를 반드시 풀어야만 하는 *이유*는 없었지만, 쾨니히스베르크 사람들은 이 문제의 답을 찾으며 즐거워했어요. 그런데 스위스의 한 수학자가 그림을 이용해 최종적인 답을 찾아냈어요.

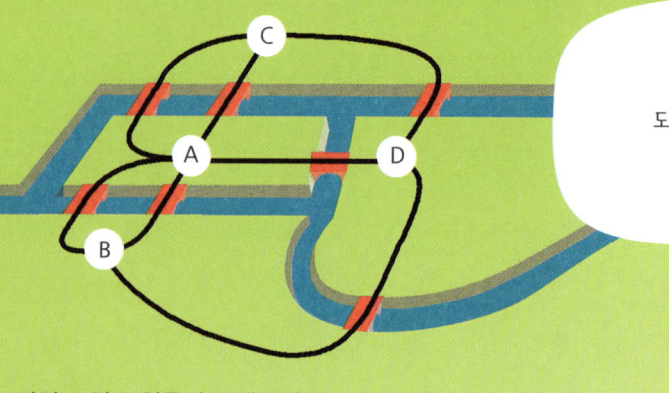

이런 그림도 일종의 그래프예요.

오일러는 A, B, C, D 구역 모두 다리가
홀수 개라는 사실을 발견했어요. 이 발견으로
오일러는 '이 문제는 풀 수 없다'는 것을 증명해,
문제를 해결했어요.

만약 홀수 개의 다리로 연결된 구역이
2개(시작점과 도착점)라면 가능해요.
이때 다른 구역은 모두 짝수 개의 다리로
연결되어야 해요. 그래야만 그 구역에 도착했다가
나올 때는 다른 다리를 건널 수 있어요.

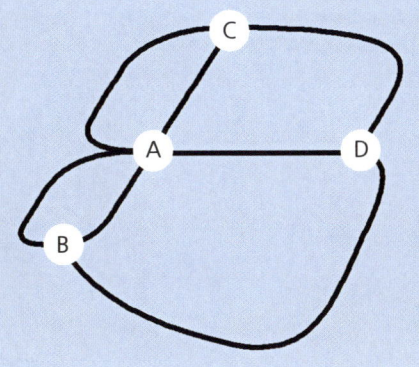

이와 같은 논리를 적용하면, 다양한 도시의 구역과 다리 연결 문제를 해결할 수 있어요.
오일러의 방법을 시작으로, **그래프 이론** 또는 **망 이론**이라고 불리는
전혀 새로운 수학 분야가 생겨났어요.

우리 주변 이곳저곳에 연결망이 있어요. 그래프 이론을 이용하면 친구 관계나 운송 수단만이 아니라
뇌 속 뉴런에 이르기까지, 우리 삶의 모든 영역을 더욱 잘 이해할 수 있어요. 그래프 이론은 또한
컴퓨터가 '생각'하는 데에 필수적인 요소로, 특히 컴퓨터가 다음과 같은 계산을 수행할 때 꼭 필요해요.

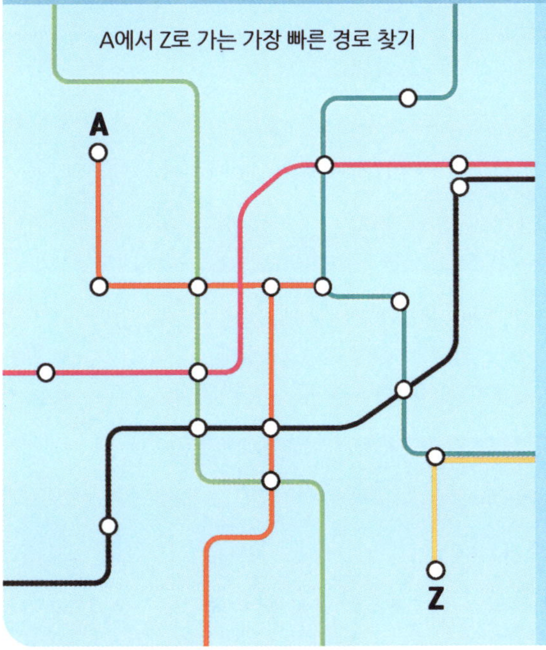

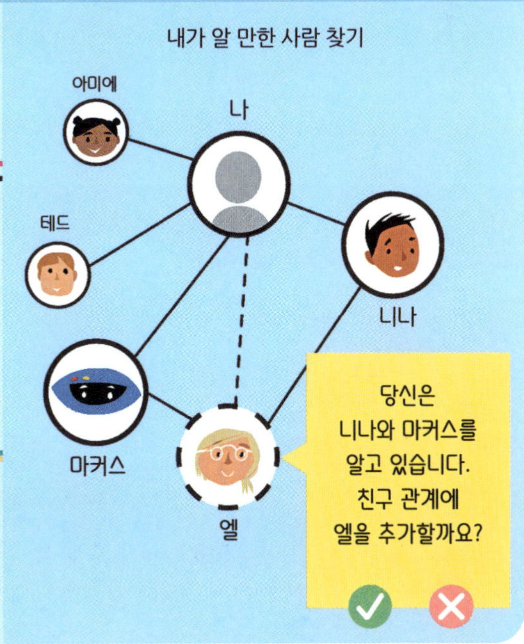

A에서 Z로 가는 가장 빠른 경로 찾기

내가 알 만한 사람 찾기

당신은
니나와 마커스를
알고 있습니다.
친구 관계에
엘을 추가할까요?

2차원 화면 속 3차원 장면

우리는 3차원(3D), 즉 입체 세상에서 살고 있어요.
하지만 우리가 보는 차원은 *실제*와는 다를 때가 많아요.

이 그림은 **3차원** 도형을 나타낸 거예요.
높이, 너비, 깊이가 있는 *것처럼* 보이지요.

하지만 **2차원**인 평면에 그렸기 때문에
엄밀히 말하면 2차원이에요.

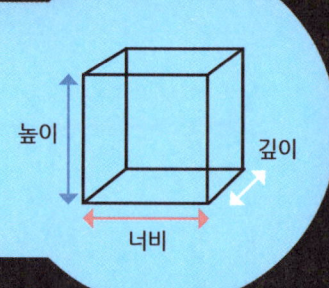

이것은 **2차원** 도형이에요. 높이와 너비는 있지만, 깊이는 없어요.

사실 아주 엄밀히 따지면, 2차원 물체라는 건 없어요.
아무리 얇은 재료라도 *약간의 두께(깊이)*는 있으니까요.
하지만 사람들은 종이 같은 물건은 여전히 2차원이라고 생각해요.

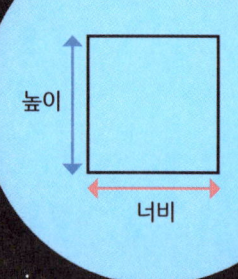

선으로 **1차원** 공간을 표현할 수 있어요.

하지만 선이 아무리 가늘다고 해도,
어쨌든 높이는 있어요.

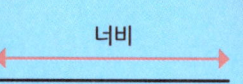

0차원 공간을 표현하기 위해,
수학자들은 그냥
점을 찍어요.

하지만 아주 작은 점이라고 해도
높이와 너비를 가지기 때문에,
실제로는 **0차원**이 아니라 2차원이지요.

이처럼 차원을 그림으로 아주 정확하게 나타내지는 못하지만,
그림은 여전히 각 차원이 어떻게 다른지 *상상하는* 데 도움이 되는 유용한 도구랍니다.

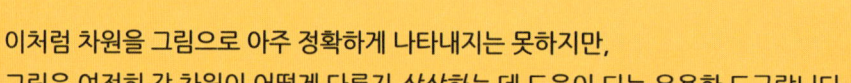

우리가 일상생활에서 보는 이미지는 아무리 깊이가 있어 보여도
실제로는 2차원일 때가 많아요.

초기의 컴퓨터 게임은
확실히 2차원이었어요.

이미지는 평평해 보였고,
캐릭터들은 위, 아래, 왼쪽, 오른쪽으로만
움직일 수 있었어요.

오늘날 컴퓨터 게임은 3차원처럼 보이지만,
평평한 화면에 나타나기 때문에
사실 2차원이에요.

화면에서 물체가 클수록 더 가까워 보여요.
그래서 우리는 3차원 이미지를 보고 있다고
착각하게 되는 거랍니다.

비디오 게임이 *엄밀히* 말해서
3차원이 아니더라도
무슨 상관이에요?
재미있으면 됐죠!

그래 맞아.
하지만 수학으로 생각해 보면
무척 흥미로운 일이야.
4차원 게임을 하면 어떨지 상상해 보렴.

더 높은 차원

우리는 3차원에 살고 있어서 4차원 이상의 공간이 어떤 모습일지 상상하기가 어려워요.
그러나 수학자들은 끊임없이 상상력을 발휘하고 있어요.

0차원이나 1차원도 실제로는 볼 수가 없는데, 도대체 4차원을 어떻게 그릴 수 있나요?

우리가 0차원과 1차원을 수학적인 그림으로 나타냈던 방식과 똑같이 하면 된단다.

다음과 같은 도형을 **4차원 초입방체**라고 해요.
이 그림은 두 개의 3차원 정육면체가 어떻게 연결되어 4차원 도형을 만드는지 보여 주어요.

초록색, 빨간색, 파란색 선은 각 정육면체의
높이, 너비, 깊이를 나타내요.
보라색 선은 네 번째 차원을
보여 줘요.

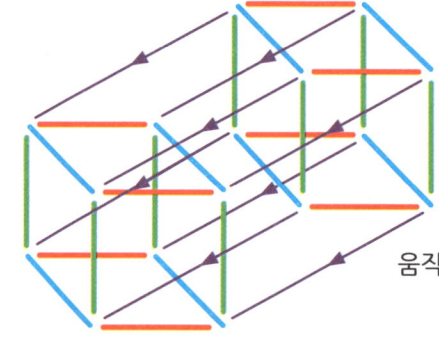

어떤 사람들은 보라색 선이
움직이는 정육면체를 *시간*에 따라
보여 주는 거라고 생각해요.

잠깐만요,
이건 4차원을 2차원 표면에
3차원으로 표현한 거잖아요!

좀 헷갈리지? 하지만 이게
우리의 3차원 사고방식으로 할 수 있는
제일 나은 방법이란다.

4차원 초입방체 두 개를 다섯 번째 선으로 연결해
5차원 초입방체를 만들 수도 있어요.
이러한 과정을 계속 반복하면, 점점 더 높은 차원의 도형을 표현할 수 있지요.

더 높은 차원을 제대로 이해하기란 무척 어려운 일이에요.
하지만 수학자와 과학자는 더 높은 차원을 이용해 놀라운 아이디어를 생각해 내죠.

그런데 우리가 실제로 4차원 도형을 볼 수 없거나 5차원 공간에서 살 수 없다면, 더 높은 차원에 관해 생각하는 게 무슨 의미가 있죠?

더 높은 차원을 사용하면 복잡한 컴퓨터 연결망을 만들 수도 있고, '초중력' 또는 '끈 이론' 같은 상상하기도 힘든 물리 이론을 설명할 수 있단다.

내 친구가 그러는데 *시간*이 네 번째 차원이래요. 이제 뭐가 뭔지 모르겠어요!

많은 물리학자가 시간을 네 번째 차원이라고 생각해. 결국 우주는 공간분만 아니라 시간적으로도 존재하니까. 기본적으로 더 높은 차원이란, *다양한* 이론을 설명하는 데 도움을 주는 *다양한* 것을 뜻할 수도 있지.

그러니까 수학에서는 복잡한 개념을 설명하기 위해 무언가를 만들어 낼 수 있다는 거죠?

맞아, 수학만 좀 이용하면 너도 할 수 있을 것 같은데. '상상력'은 수학을 하는 데 아주 중요해. 특히 차원에 관해 생각할 때는 말이야.

제5장
증명하기

증명은 수학을 구성하는 기본 요소예요.
증명이란, 어떤 수학적 명제(때로는 **정리**라고도 해요.)가
참이라는 걸 *명확하게* 밝히는 거예요.
수학자들은 자기 생각이 참이라는 걸 증명해서
어려운 문제를 해결하기도 하고, 자신의 발견을 다른 사람에게 알리며,
더 진전된 수학적 발견을 위한 토대를 마련해요.
증명이 없다면 수학적 지식은 자라지 못할 거예요.

예를 들어 1+1=2와 같은 수학식은 누구나 참으로 받아들여요.
하지만 증명하기가 까다롭거나 놀랄 정도로 힘든 것도 있어요.
어떤 증명은 너무나 어려워서 푸는 사람에게
커다란 상금을 주기로 한 것도 있지요.

증명하기

수학자는 수학적 명제를 증명하기 위해 온갖 종류의 기술을 사용해요.
우리도 일상생활 속에서 자신의 주장을 증명하기 위해
수학자가 쓰는 방법을 사용하고 있을지도 몰라요.

그중 하나가 **귀류법**이에요. 귀류법이란 어떤 진술이 참이거나 거짓이라고 가정한 다음,
이 가정이 틀렸음을 증명하는 방법이에요. 만약 이 명제가 *거짓*이 될 수 없다고 증명한다면,
이 명제는 반드시 *참*이에요. 반대로 명제가 참일 수 없다면, 명제는 거짓이에요.

엘, 내가 자전거를 훔쳤다고 가정해 보자. 네가 자전거를 잠가 둔 뒤부터 난 계속 너와 함께 있었어. 그러니까 내가 훔치는 걸 네가 봤겠지!

음, 네 말이 맞아. 오해해서 미안해, 니나.

수학자들은 이 방법을 사용해, 자신을 두 번 곱하여 2가 되는 수($\sqrt{2}$라고 써요.)는 분수로 *나타낼 수 없음*을 증명했어요. 어떤 명제를 증명하려고 할 때 그와 반대되는 점이 많이 드러난다면, 이는 그 명제가 성립할 수 없다는 뜻이에요.

또 다른 증명 방법은 이미 참이라고 알고 있는 일반적인 사실로부터
논리적인 결론을 이끌어 내는 거예요.

내 카메라에 이 남자가 절단기를 들고 자전거 옆에 서 있는 모습이 찍혔어요.

나도 몇 분 전에 똑같은 남자가 저렇게 생긴 바퀴 하나 달린 자전거를 들고 가는 걸 봤어!

아하! 그 말이 참이라면, 분명 저 남자가 도둑일 거예요!

수학자들은 이 방법을 사용해,
짝수인 두 수를 더하면 그 값은 항상 짝수라는 것을 증명했어요.

이러한 방법을 **연역법**이라고 해요.
수학적인 명제가 옳다는 것을 증명하는 가장 간단한 방법이지요.

변치 않는 증명

증명 덕분에 수학은 매우 독특한 학문이 되었어요. 다른 분야, 예를 들어 역사학 같은 학문에서는 다양한 이론이 나타났다 사라지기도 하고, 또 서로 다른 이론이 동시에 존재하기도 해요.

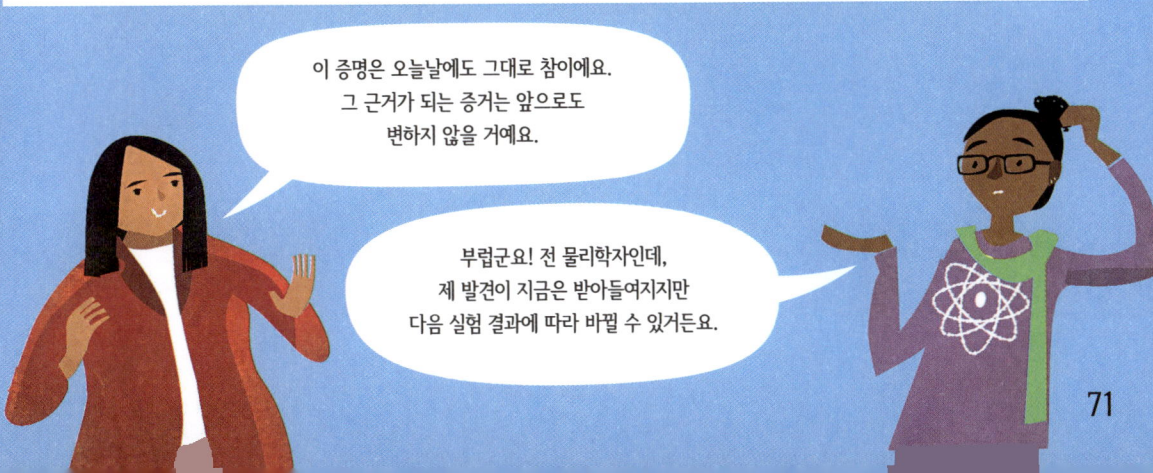

파이 싸움!

수학적인 증명 과정은 아주 복잡해질 수도 있어요.
하지만 창의적으로 생각한다면 좀 더 쉽게 증명할 수 있을 거예요.

| 파이 싸움 참가자 |  니나 |  엘 |  마커스 |  피터 |  우조마 |  안나 |  민 |

파이 싸움을 시작합니다!
모두 파이를 한 개씩 들고 흩어지세요!
그런 다음, 각자 다른 사람들과
거리를 다 다르게 해서 서세요.

우리가 증명할 건 이거예요.
우리가 흩수고 각자 가장 가까이 있는
사람에게 파이를 던진다면, 적어도
한 사람은 파이를 맞지 않는다는 거죠.

여기에 나와 엘, 피터 선생님뿐이라면,
엘은 맞지 않을 거예요.
피터 선생님과 내가 가장 가까우니까
서로에게 파이를 던지겠죠.
엘에게는 아무도 파이를 던지지 않을 거예요.

철퍼덕

예시가 좀 우스워 보일 수 있지만, 이와 같은 수학적인 증명은 컴퓨터 과학이나 그래프 이론, 의사 결정 과정에서 매우 유용하게 쓰여요.

유명한 정리

어떤 수학적인 정리는 학교에서 가르치는 바람에 아주 유명해졌어요.
예를 들면, '피타고라스의 정리'가 그렇죠. 하지만 전혀 다른 이유로 명성을 얻은 정리도 있어요.
그중에는 증명(또는 반증)하기가 이루 말할 수 없게 어려워서 유명해진 것도 있답니다.

'페르마의 마지막 정리'는 역사상 가장 복잡하고
이해하기 어려운 정리 중 하나예요.

1637년, 프랑스의 수학자
피에르 드 페르마는 다음과 같은
정리를 내놓았어요.

$$a^x + b^x = c^x$$

위 방정식은 x가 2보다 크다면
풀 수 없어요.

페르마는 이를 증명했다고
주장했지만, 따로 기록해
두지는 않았어요.

페르마는 정말로
증명했을까요?

수학에서는 증명되지 않은 정리는 큰 의미가 없어요.
여러 수학자가 페르마의 이 정리를 증명하기 위해 노력했지만 300년이 지나도록 해결하지 못했지요.
'페르마의 마지막 정리'가 특별히 더 유용한 것은 아니지만,
풀지 못하는 시간이 길어질수록 전 세계적으로 더 많은 관심을 받게 되었어요.
페르마의 마지막 정리는 수학자에게 가장 큰 수수께끼였지요.

수학 미스터리, 마침내 풀리다!

1963년, 열 살이었던 앤드루 와일스는 '페르마의 마지막 정리'에
관한 이야기를 읽었어요. 이것은 와일스의 마음을 사로잡았고,
어린 와일스는 그 증명에 인생을 바치기로 마음먹었어요.

와일스는 몇 년간 대학에서 수학을 공부하면서 이 수수께끼에
관한 모든 것을 배웠어요. 그러고 나서 증명에 매달렸지요.
7년이 흐른 1993년, 와일스는 자신이 증명에 성공했다고
생각했어요. 하지만 다른 수학자들은 200쪽에 달하는 그의
해결책을 검토한 뒤 오류를 발견했어요. 충격적인 일이었죠!

와일스는 오류를 바로잡기 위해 다시 연구를 시작했어요.
그리고 1년 후, 마침내 완벽한 증명을 내놓았어요! 이 업적으로
그는 세계에서 가장 유명한 수학자들 중 한 명이 되었지요.

저는 아침에 일어나서 저녁에 잠들 때까지
하루 종일 이 문제를 붙들고 있었어요.
8년 내내 말이지요.

만약 $x > 2$이면
$a^x + b^x \neq c^x$

'페르마의 마지막 정리' 옆에 서 있는 앤드루 와일스

상금이 걸린 증명

수학자가 된다고 해서 큰돈을 벌 수 있는 건 아니에요.
하지만 **밀레니엄 문제** 중 하나라도 증명해 낼 수 있다면 이야기가 달라지지요.

2000년, 클레이 수학연구소(수학을 알리고 발전시키는 활동을 하는 미국의 한 연구소)에서는 아직까지 풀리지 않은 가장 중요한 수학 문제 7가지를 제시했어요.
이것들을 '밀레니엄 문제'라고 부르는데, 지금까지 그중 단 하나의 문제만 증명에 성공했어요.

도전하세요! 한 문제만 풀어도 100만 달러(약 12억 7천만 원)의 상금을 받을 수 있어요!

[증명]

호지 추측

문제: 간단한 대상을 사용해 복잡한 수학적 대상을 구성할 수 있을까?

$$Hdg^k(X) = H^{2k}(X,Q) \cap H^{k,k}(X).$$

푸앵카레 추측

문제: 4차원 공간에 있는 구는 하나의 점으로 모일 수 있다.

지금까지 증명된 유일한 문제예요.
2003년 러시아의 수학자 그리고리 페렐만이 이 추측이 참임을 증명했어요.

리만 가설

문제: 리만 제타 함수는 언제 0이 될까?

양-밀스 이론의 존재성과 질량 간극 가설

문제: 양자장론의 물리학을 수학적으로 증명할 수 있을까?

나비에-스토크스 방정식

문제: 이 방정식의 해(미지수의 값)는 항상 존재하는가?

$$\frac{\partial v}{\partial t} + (v \cdot \nabla)v = -\frac{1}{\rho}\nabla p + v$$

버치와 스위너턴 다이어 추측

문제: 타원 곡선의 방정식은 무한히 많은 유효한 해를 가지는가?

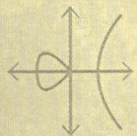
$y^2 = x^3 - x$

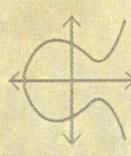
$y^2 = x^3 - x + 1$

P-NP 문제

문제: 컴퓨터는 한번 푼 문제를 확인하는 검산 속도만큼 빠르게 문제를 풀 수 있는가?

NP-난해 문제

NP-완전 문제

NP 문제

P 문제

그러니까 아직 600만 달러(약 76억 원)의 상금이 남아 있어요. 하지만 중요한 사실은 이 문제들이 *말도 안 되게* 복잡하다는 거예요. 다음 상금을 타려는 사람은 엄청난 노력을 쏟아부어야 할 거예요.

역설

증명은 수학자에게 훌륭한 도구이지만, 겉으로 보이는 것만큼 확실하지 않을 수도 있어요.
수학자들은 증명을 뒷받침하는 논리 속에서 **역설**이라고 불리는 결함을 발견했어요.

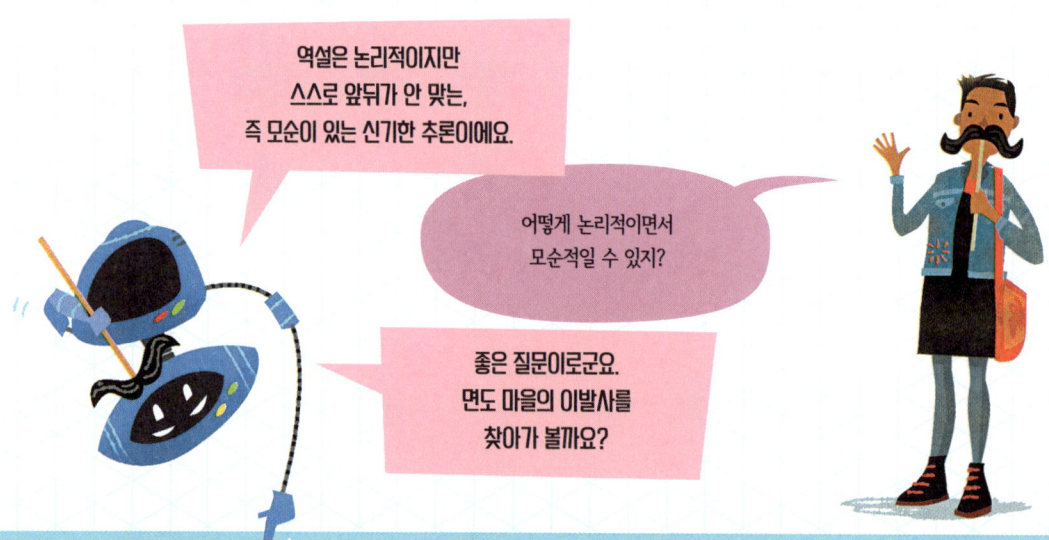

면도 마을에 사는 모든 사람은 깨끗하게 면도를 해요. 어떤 사람은 스스로 수염을 깎아요.
면도 마을의 이발사는 스스로 수염을 깎지 않는 사람들만 면도를 해 주어요.

제6장
확률과 통계

확률은 어떤 일이 일어날 가능성을 계산하는 방법이에요.
통계는 자료를 수집하고 분석해서 그 의미를 알아내는 것을 말해요.
수학의 이 두 분야를 같이 이용하면 문제 상황을 잘 이해하고
미래를 예측할 수 있으며, 더 현명한 결정을 내릴 수 있어요.

수학에서 확률과 통계는 정확한 답을 내놓기 위한 게 아니에요.
바로 그렇기 때문에 확률과 통계가 세상을 보는 유용한 도구가 될 수 있지요.
우리가 사는 세상은 매우 복잡하고, 예측 불가능하며,
'정답'이라는 게 거의 없으니까요.

확률이란 무엇일까요?

가위바위보를 해 본 적 있나요? 가위바위보도 일종의 확률 게임이에요.
확률은 이길 가능성을 수로 나타내는 방법이에요.
어떤 사건이 일어날 가능성을 0과 1 사이의 수로 나타내요.
0은 사건이 일어나는 것이 **불가능**한 것,
1은 사건이 **확실**하게 일어나는 것을 뜻해요.

도넛이 하나밖에 안 남았어!

가위바위보를 하자. 다섯 판으로 승부를 가르는 거야.

가위바위보는 무언가를 정할 때 자주 사용해요. 가위바위보는 할 때마다
각 사람이 이기거나, 비기거나, 질 가능성(또는 확률)이 똑같기 때문이에요.
이는 각자가 세 가지 손 모양 중 하나를 선택할 확률이 똑같다고* 가정한다면 맞는 말이에요.

 **바위**는 가위를 이기지만, 보자기에게 져요.

 **보자기**는 바위를 이기지만, 가위에게 져요.

 **가위**는 보자기를 이기지만, 바위에게 져요.

다음 표는 두 사람 간 승부에서 나올 수 있는 모든 결과를 나타낸 거예요.

니나가 낸 것	가위	바위	보
가위	비김	니나가 이김	니나가 짐
바위	니나가 짐	비김	니나가 이김
보	니나가 이김	니나가 짐	비김

(엘이 낸 것)

나올 수 있는 결과는 9가지예요.
그중 세 번은 니나가 이겨요.
따라서 니나가 이길 확률은 9번 중 3번이에요.
$\frac{3}{9}$ 또는 $\frac{1}{3}$로 나타낼 수 있지요.

니나가 질 확률 또한 $\frac{3}{9}$ 또는 $\frac{1}{3}$이에요.
비길 확률도 마찬가지예요.

나올 수 있는 결과의 확률을
모두 더하면 **항상** 1이에요.
$\frac{3}{9} + \frac{3}{9} + \frac{3}{9} = \frac{9}{9} = 1$

* 연구에 따르면,
사람들은 가위나 바위보다
보자기를 덜 내는 경향이 있어요.

확률은 소수(0.333…)나
백분율(33.333…%)로도 나타낼 수 있어요.

첫 번째 판

좋았어!!!

두 번째 판

2:0이야! 이제 네가 이길 확률은 별로 없어.

아직 안 끝났어, 내가 이길 거야!

세 번째 판

비겼어!

비겼네!

아직도 2:0이야. 내가 이긴 거나 다름없으니 계속하는 게 의미가 없어.

잠깐, 아직 두 판이 남았어. 그리고 내가 두 판 다 이긴다면 무승부야. 그러니까 지금 게임을 그만하려면 나에게 한 입 정도는 줘야 해.

그럴 확률은 거의 없어. 나올 수 있는 모든 결과를 살펴보더라도 내가 이길 것 같아. 하지만 수학적으로 따지면 무승부가 될 확률이 존재하니까 딱 한 입만 줄게.

확률의 수학은 이러한 상황을 다루기 위해 발명되었지요.

17세기에 두 명의 수학자는 확률 게임이 중단되었을 경우, 공정하게 상금을 나누는 방법을 알아내고 싶었어요. 두 사람은 게임이 어떻게 진행되었는지 살펴본 다음, 각각 나올 수 있는 결과의 가능성(확률)에 따라 상을 나누는 것으로 문제를 해결했어요.

현명한 선택

확률은 무슨 일이 *실제로 일어날지* 알려 주지는 못하지만, 무슨 일이 일어날 *가능성이 더 큰지*는 알려 줄 수 있어요. 사람들은 그걸 보고 위험을 평가하고 좀 더 현명한 결정을 내릴 수 있죠. 심지어 확률을 이용하면 상품을 탈 수 있을지도 몰라요.

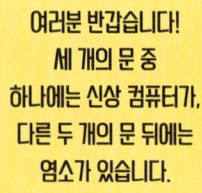

여러분 반갑습니다! 세 개의 문 중 하나에는 신상 컴퓨터가, 다른 두 개의 문 뒤에는 염소가 있습니다.

이 문 뒤에 상품이 있을 확률은 $\frac{1}{3}$이에요.

이 문 뒤에 상품이 있을 확률은 $\frac{1}{3}$이에요.

이 문 뒤에 상품이 있을 확률도 역시 $\frac{1}{3}$이에요.

컴퓨터가 있는 문을 고를 확률은 3분의 1이에요.

맞아.

빨간색 문으로 하면 어때요?

컴퓨터가 빨간색 문 뒤에 있을까요? 곧 알게 되겠지만… 제가 먼저, 노란색 문 뒤에 염소가 있는 걸 보여 드릴게요.

빨간색 문으로 하시겠습니까, 아니면 바꾸시겠습니까?

매애애애!

그러면 상품은 초록색 문이나 빨간색 문 뒤에 있겠네요. 이제 상품을 탈 가능성은 2분의 1이 되었고요. 그대로 가요!

잠깐… 그렇게 보일 수도 있겠지만, 확률을 좀 더 자세히 살펴보도록 하자꾸나.

빨간색 문을 처음 골랐을 때, 상품을 받을 가능성은 3분의 1이었지.

마커스가 염소를 보여 주었을 때, 확률은 변하지 않았어. 하지만 새로운 정보를 알게 되었어.

이 두 문 가운데 컴퓨터가 있을 확률은 $\frac{2}{3}$ 예요.

컴퓨터를 상품으로 받을 확률은 $\frac{1}{3}$ 이에요.

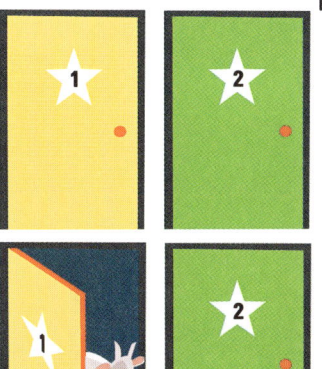

이 문에 상품이 있을 확률은 0이라는 사실을 알게 되었어요.

따라서 이 문 뒤에 상품이 있을 확률은 $\frac{2}{3}$ 가 되지요.

사람들은 이런 게임을 할 때, 선택을 바꾸기보다는 그대로 *유지하는* 경우가 더 많아요. 수학자들도요. 아마 처음에 올바른 문을 선택했는데 바꾼 후에 게임에서 지면, 후회할까 봐 걱정하는 것인지도 몰라요. 이는 확률에 대한 우리의 본능이 어떻게 잘못될 수 있는지 보여 주어요. 우리 뇌가 바르게 작동하려면 도움이 필요할 때가 있어요. 바로 그럴 때 수학이 도움이 되죠. 우리가 수학을 배우는 한 가지 이유랍니다.

여기 나온 수수께끼는 '몬티 홀 문제'라고 불려요.
이 게임과 비슷하게 진행되었던 미국 텔레비전 게임쇼 진행자의 이름을 딴 거예요.

확률을 잘못 쓰면…

확률을 이용하면 분명 더 나은 결정을 내릴 수 있겠지만,
실제 상황에서 확률을 사용하려고 하면 무척 복잡하게 느껴져요.

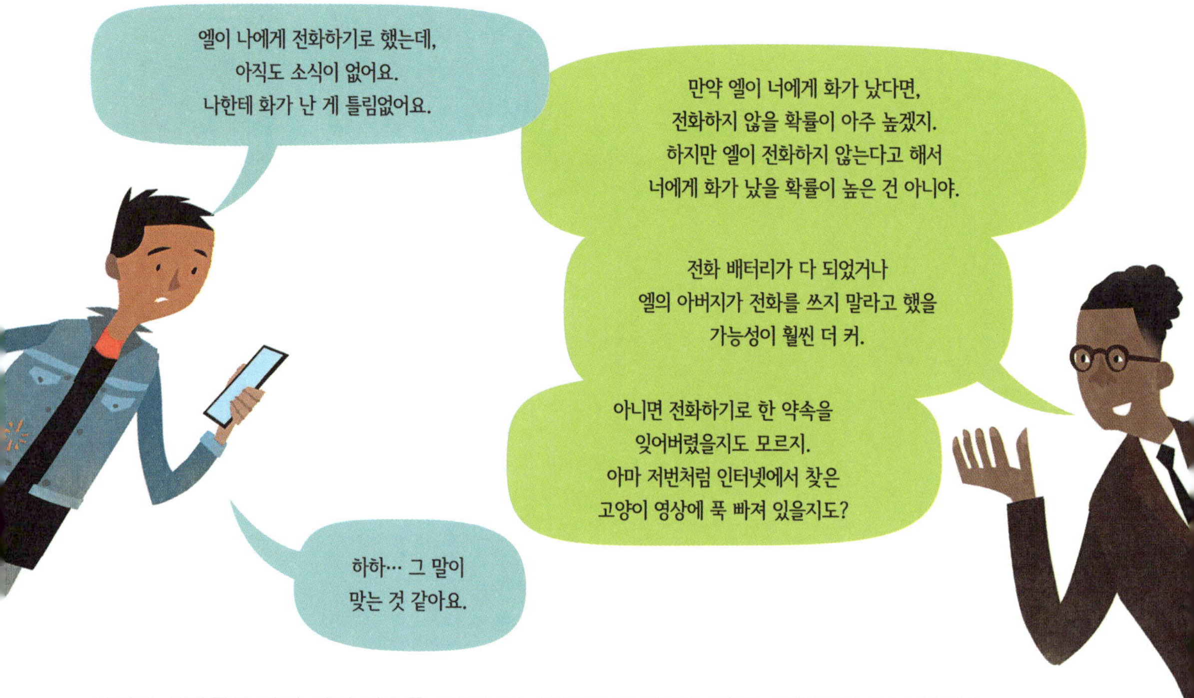

엘이 나에게 전화하기로 했는데,
아직도 소식이 없어요.
나한테 화가 난 게 틀림없어요.

만약 엘이 너에게 화가 났다면,
전화하지 않을 확률이 아주 높겠지.
하지만 엘이 전화하지 않는다고 해서
너에게 화가 났을 확률이 높은 건 아니야.

전화 배터리가 다 되었거나
엘의 아버지가 전화를 쓰지 말라고 했을
가능성이 훨씬 더 커.

아니면 전화하기로 한 약속을
잊어버렸을지도 모르지.
아마 저번처럼 인터넷에서 찾은
고양이 영상에 푹 빠져 있을지도?

하하… 그 말이
맞는 것 같아요.

실제로 사람들은 항상 이런 실수를 저질러요. 때때로 그 결과는 매우 심각해질 수도 있어요.
예를 들어 법정 같은 곳에서라면 말이에요.

주민이 200명인 마을에서 누군가가 '곰 세 마리'네 집에 침입해
기물을 파손했다고 상상해 보세요.

한 목격자가 긴 금발 머리를 한 사람이
현장에서 도망치는 걸 보았어요.
그런데 마을 사람 중에 목격자가
본 모습과 일치하는 사람이 10명이에요.

결국 금발의 골디락스가 곰 세 마리네 집에 침입한 혐의로
재판을 받게 되었어요.

죄가 없는 사람이 목격자의 진술과 일치할 확률은
200분의 9이고, 이는 5퍼센트 미만이므로,
골디락스가 결백할 확률은 매우 낮습니다.

이의 있습니다!
죄가 없는 사람이 목격자의 진술과
일치할 확률이 중요한 게 아니에요.

목격자의 진술과 제가 일치한다고 하더라도,
제가 결백할 확률이 더 중요하죠. 10명이 목격자의
진술과 일치하므로, 제가 결백할 확률은 10명 중
범인 1명을 뺀 9명, 즉 90퍼센트예요.

검사

골디락스

검사는 결백한 사람이 목격자의 진술과 일치할 확률이
목격자의 진술과 일치하는 사람이 결백할 확률과 같다고 생각하는 실수를 저질렀어요.
니나가 엘에게 한 것과 비슷한 혼동이지요.
과거에는 이런 실수 때문에 죄 없는 사람이 유죄 판결을 받고 감옥에 갇히기도 했어요.

그렇다고 해도 목격자의 진술은 여전히 중요해요.
범죄를 저질렀을 *가능성*이 있는 사람들의 집단을 좁혀 나갈 수 있으니까요.
중요한 사실은, 여기에는 골디락스도 포함된다는 거죠.
골디락스가 유죄일 확률은 다른 증거들에 따라 달라질 수 있어요.

골디락스의 주장은
검증되었나요?

사건 당시 골디락스는
어디에 있었죠?

목격자의 진술과
일치하는 다른 9명에게는
알리바이가 있나요?

배심원은 골디락스가 유죄일 확률을
실제로 계산할 필요는 없지만,
골디락스에게 유죄 평결을 내리기 위해서는
합리적 의심의 여지가 없을 정도로
확신할 수 있어야 해요.

통계

통계는 정보, 또는 **데이터**를 이용해 세상을 이해하려는 수학 분야예요.
통계학자는 데이터를 모으고, 데이터를 이용해 세상에 관한 여러 사실을
대략적으로 설명하고 미래를 예측해요.

대다수 통계학자는 질문으로 시작해요.
어떤 질문이든 가능해요. 진지한 것이 아니라도 괜찮아요.

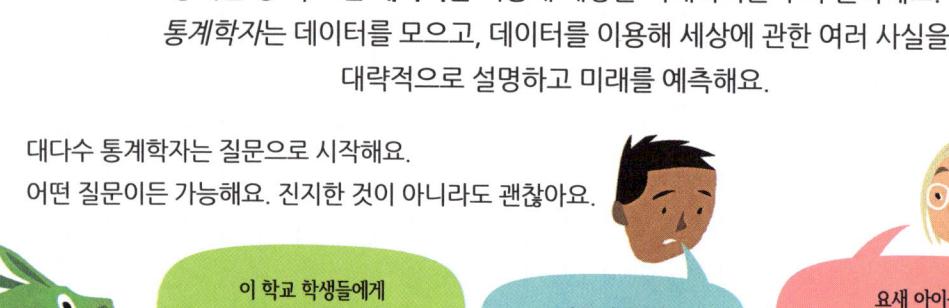

- 이 학교 학생들에게 가장 인기가 많은 마법 동물은?
- 다음 선거에서 누가 뽑힐까?
- 요새 아이들은 예전 아이들보다 용돈을 더 많이 받을까?

그런 다음 통계학자들은 많은 사람에게 질문을 하거나
이전 자료를 찾아보며 데이터를 모아요.

안녕하세요, 다음 선거에서 어떻게 투표할 계획인지 말씀해 주실 수 있나요?

좋아요.

유권자 수가 너무 많아서
일일이 다 물어볼 수 없어요.
그 대신 작은 집단을 이용해
사람들이 어떻게 투표할지를
추측할 수 있어요.
하지만 이 결과가 완전히
정확한 건 아니에요.

통계학자는 데이터를 수집하고 나면, 분석을 시작해요.
분석 결과를 주로 도표나 표, 그래프로 나타내지요.

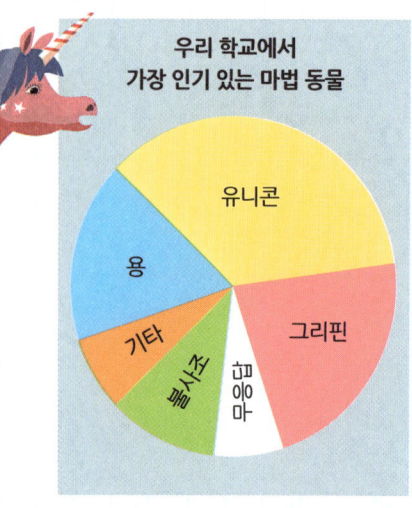

우리 학교에서 가장 인기 있는 마법 동물

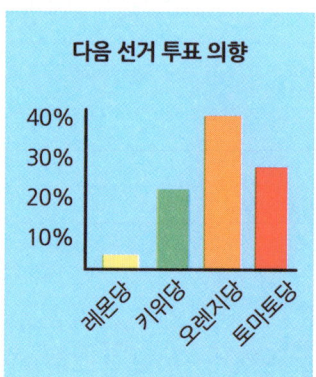

다음 선거 투표 의향

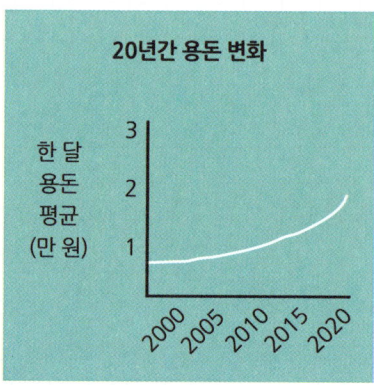

20년간 용돈 변화

통계는 데이터를 그래프나 표로 정리할 때만이 아니라,
여러 분야의 수학에서도 많이 사용해요.

그래프를 보면 모든 답을 알 수 있다고 생각하기 쉽지만,
무엇을 보여 줄지 선택하기에 달려 있어요.

용돈을 조사한 그래프 봤어요?
평균 용돈이 2005년부터 2020년까지
8,000원에서 16,000원으로 두 배가 되었어요!

네가 말하는 평균은
수학에서 *평균값*이라고 부르는 거야.
사실 사람들이 흔히 이야기하는 평균에는
세 종류가 있단다.

평균값은 데이터의
모든 수를 더하고
그걸 데이터 개수로
나눈 거예요.

중앙값은 모든 수를
크기 순으로 늘어 놓았을 때
가장 가운데에
있는 수예요.

최빈값은 데이터에서 가장
빈번하게 나타나는 값이에요.
왼쪽 페이지의 마법 동물 그래프에서
최빈값은 유니콘이지요.

만약 용돈의 평균값이 아닌 중앙값을 본다면,
대다수 사람의 용돈이 거의 같은 수준에
머물러 있는 걸 볼 수 있을 거야.

하지만 용돈을 *가장 많이* 받는 사람은
2005년보다 3배나 많이 받았어.

잠깐만요,
전 통계란 절대로 변하지 않는
사실이라고 생각했어요.

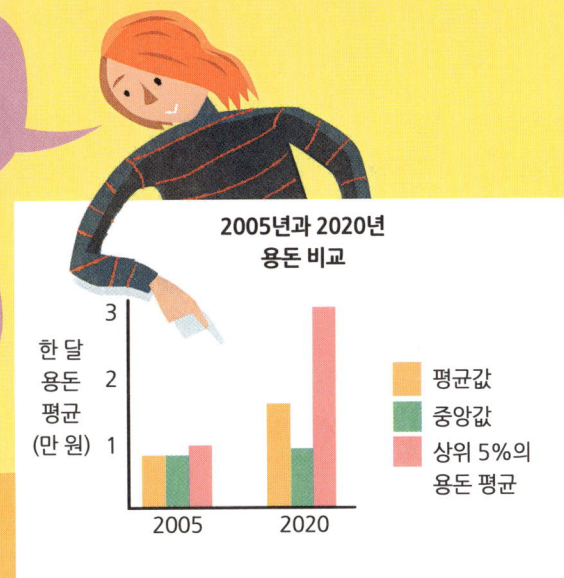

2005년과 2020년
용돈 비교

한 달
용돈
평균
(만 원)

■ 평균값
■ 중앙값
■ 상위 5%의
용돈 평균

데이터는 사실이지만,
통계에서 '해석'은 데이터만큼 중요해요.
같은 데이터를 가지고
여러 가지 다른 이야기를 할 수 있거든요.

다루기 힘든 데이터

정확한 결론은 정확한 데이터가 바탕이 되어야 해요. 만약 데이터가 잘못되었다면, 통계도 틀릴 수밖에 없어요. 하지만 신뢰할 수 있는 데이터를 얻기란 쉬운 일이 아니에요.

역사상 가장 오래된 데이터 중의 하나로 인구에 관한 정보를 들 수 있어요.
인구 조사는 공식적인 수효를 조사해 집계해요.

이러한 데이터는 수집하는 데 아주아주 오랜 시간이 걸리지만, 인구의 증가나 감소를 알아내는 데 무척 유용해요. 인구 조사로 나라에서는 모든 사람에게 충분한 식량과 살 곳, 학교 등이 제공되는지 알 수 있어요.
하지만 데이터에는 *언제나* 빠진 부분이나 오류가 있을 수 있어요.

현대에는 기술 발달로 데이터 수집이 엄청나게 쉬워졌어요.
인공위성이나 스마트폰, 인터넷 덕분에 세상에는 데이터가 흘러넘쳐요. 매일같이 수백만 명의 사람이 검색 엔진에 질문을 입력하고, 사회 관계망 서비스에 접속하며, 온라인 쇼핑을 해요.
이 과정에서 만들어지는 어마어마한 양의 데이터를 거대 자료 또는 **빅 데이터**라고 해요.

이처럼 데이터가 흘러넘치자 통계를 새로운 용도로 사용하게 되었어요. 오늘날 여러 누리집에서는 사용자의 관심을 계속 붙잡아 두기 위해, 수집한 데이터를 바탕으로 다음에 보여 줄 화면을 결정해요.

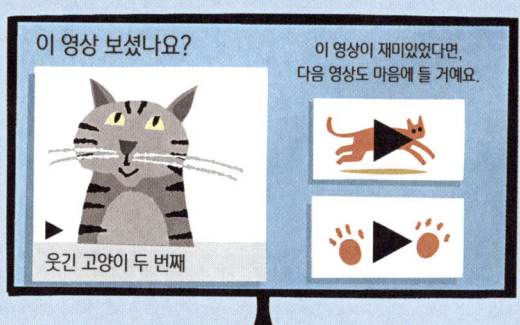

이러한 빅 데이터를 활용하기 위해 해결해야 할 과제도 있어요. 빅 데이터에는 유용한 정보가 *아주* 많지만, 그만큼 많은 양의 데이터를 처리하는 건 엄청나게 어려운 일이거든요.

공정한 경기?

통계학자들은 데이터만 있다면 우리 생활의 *모든* 영역을 분석할 수 있어요.
최근 몇 년간, 통계는 최고의 스포츠팀들을 완전히 바꾸어 놓았어요.

통계학자들은 팀의 승리를 위해
감독이나 코치와 협력해
훈련 계획을 세우고 경기 전략을 짜요.

통계학자들은 팀의 장점과
개선해야 할 부분을 분석해서
보여 줄 수 있어요.

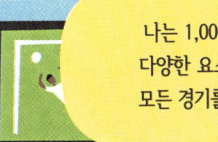

나는 1,000개 이상의
다양한 요소에 주목해
모든 경기를 분석해요.

최종 점수
2-0

우리 분석에 따르면,
이 선수가 긴 패스 거리를 3미터 줄일 때
패스의 성공 확률은
75퍼센트로 증가할 거예요.

최고 속도: 36km/h
유효 슈팅: 71%
패스 성공률: 64%
평균 패스 거리: 24.1m

분석에 따르면, 팀이 지고 있을 때
골키퍼는 패널티 킥을 막기 위해
오른쪽으로 몸을 던질
가능성이 더 커요.

실제로 골키퍼가 오른쪽이나
왼쪽으로 몸을 던지기보다
골대 중간을 지키면
패널티 킥을 막을 가능성이
두 배나 커져요.

하지만 골키퍼들은
거의 그러지 않아요.
아마도 골키퍼들은 패널티 킥을
막기 위해 무언가 행동을
해야 한다는 압박감을
느끼는 것 같아요.

과학 실험

통계는 과학 발견에서도 중요한 역할을 해요.
화학 물질의 작용에서부터 인체의 기능에 이르기까지
자연계를 연구하는 실험은 모두 통계를 기본으로 해요.

누군가가 사람이 복용하는 '도그프렌드'라는 약을 개발했다고 상상해 보세요.
사람이 이 약을 먹으면 개들이 그 사람을 좋아하게 되고 같이 놀고 싶어지는 그런 약이에요.

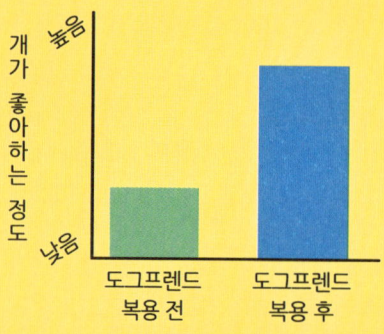

초기 시험에서는 도그프렌드를 복용한 사람이
이전보다 개들에게 더 인기가 있는 것처럼 보였어요.

하지만 이것이 도그프렌드의 영향인지,
우연의 일치인지 어떻게 *알아낼* 수 있을까요?
또는 도그프렌드를 복용하긴 했지만,
그 약 때문이 아니라 그 사람의 어떤 행동 때문에
개들이 좋아하게 되었을 수도 있어요.

도그프렌드와 같은 약을 개발했을 때, 과학자들은 *정말로* 효과가 있는지
알아보기 위해 **임상 시험**이라고 불리는 공정한 시험 절차를 거쳐요.

다양한 참가자들을 가능한 한 비슷한 구성원으로 이루어진
두 집단으로 나누어요.

한 집단은
도그프렌드를
복용해요.

다른 집단은 도그프렌드와
똑같이 생겼지만
실제 성분이 들어 있지 않은
약을 받아요.

시험에 참여하는 사람은 자신이 어느 집단인지 전혀 몰라요.
시험 참여자들에게 약을 나누어 주는
의사도 마찬가지예요.

실제 성분이
들어 있지 않은 가짜 약

모든 사람은 *정확히* 똑같은 절차를 거쳐요.
두 집단 모두 정기적인 관찰, 검사를 받아요.

개와 상호 작용하는 데 어떤 변화가 있거나 부작용이 있었나요?

음… 제가 어딜 가든 개가 졸졸 따라다녀요.

이와 같은 방식으로, 결국 두 집단 사이의 차이는 다른 어떤 것 때문이 아니라 바로 *알약* 때문이라는 것을 알게 되었어요.

결과는…

평균적으로 도그프렌드를 복용한 집단이 개들에게 80퍼센트 더 인기가 있었어요.

가짜 약을 복용한 집단은 개선 효과가 20퍼센트 정도로 낮았어요.

이 시험에서 P-값은 0.042

이러한 결과는 확정적으로 보일 수도 있지만, 여전히 순수한 우연으로 발생했을 가능성도 있어요.

통계학자들은 결과가 얼마나 신뢰할 만한지 평가하기 위해 **P-값**을 이용해요.
P-값이란 결과가 우연으로 발생할 확률을 말하며, 0과 1 사이의 값이에요.

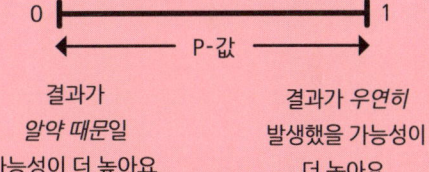

결과가 알약 때문일 가능성이 더 높아요.

결과가 우연히 발생했을 가능성이 더 높아요.

만약 P-값이 0.05보다 낮으면 통계학자들은 결과가 '통계적으로 유의하다'라고 말해요. 이는 우연으로 일어날 가능성이 *매우* 작다는 뜻이에요.

모든 과정이 끝난 뒤에도, 도그프렌드가 실제로 나한테 또는 *모든* 사람에게 반드시 효과가 있을 것이라고 단정하기는 어려워요. 우리는 단지 그 약이 대다수 사람에게 효과가 있다는 사실만 알 수 있을 뿐이에요.

가짜 뉴스

불행하게도 통계는 때때로 목적에 어긋나게 사용되거나 잘못 전달되는 경우가 많아요.
통계를 사용해 사람들의 관심을 끄는 기사 제목을 만들어 내기도 하고,
자신의 주장을 밀어붙이거나 심지어 의도적으로 사람들이 오해하게 만들기도 해요.
다음은 우리가 보는 통계를 신뢰할지 말지 판단할 수 있는 몇 가지 유용한 정보예요.

뻔해 보이는 주장이 있나요?

사람들이 환경 오염을 걱정하지 않고
석탄을 계속 태우게 만들면
석탄연소협회에는 이익이 되지요.

믿기 어려울 정도로 좋다?

만약 무언가가 너무 좋아 보여서
가짜처럼 느껴진다면,
아마 그 느낌이 맞을 거예요.

믿거나 말거나 신문

석탄연소협회의 후원을 받아 작성된 최근의 보고서에 따르면, 석탄을 태우는 것과 기후 변화는 연관성이 없다고 밝혀졌다.

늘 자기 주장만 내세우는 콜레 수 포터 박사가 데이터를 모아서 오늘 아침 일찍 발표한 자료에 대해 142명의 과학자가 의문을 제기했다.

음주자의 99.9%가 **슈퍼토닉 음료를** 마시면 3주 내에 초능력이 발현된다는 연구 결과가 나왔다.

*본 연구의 목적상, 멈추지 않는 딸꾹질은 초능력에 해당한다.

작은 글씨를 읽었나요?

그렇다면 *아주* 분명히 파악할 수 있을 거예요.

신뢰할 수 있나요?

수치가 있다면 확인해 보세요.
비율의 합이 100인가요?
그렇지 않다면 가짜 뉴스에
시간을 낭비하고 있는 거예요.

누구의 연구인가요?

연구를 수행한 과학자의
평판이 좋은가요?
다른 과학자들도
비슷한 결론을 얻었나요?

그 밖의 뉴스

가장 최근에 나온
선거 예측 결과.
3쪽에 분석기사가
있습니다.

- 안야 파텔 62%
- 샘 그램 34%
- 기타 21%

베이컨을 먹으면
대장암의 위험이
20% 증가한다.
자세한 내용은…

숫자는 정말로 무엇을 의미할까요?

20퍼센트라면 크게 증가하는 것처럼 보이지만, 암에 걸릴 위험이 20퍼센트 증가한다는 뜻은 아니에요.
대장암 발병 위험이 0.4퍼센트(1,000명 중 4명)라면 베이컨 섭취로 20퍼센트 증가할 경우,
위험은 0.48퍼센트(1,000명 중 약 5명)로 높아져요.
그리고 이는 베이컨 섭취와 암 사이에 *실제 연관성*이 있는 경우에만 해당해요.

수학 마녀

이거 봤어?
수학이 사람을 행복하게 해 준대.

수학을 공부하면 행복해진다는 새로운 연구 결과 나와

올 6월에 해피매스 대학에서 수행한 연구에 따르면, 수학을 전공하는 학생이 다른 학문을 전공하는 학생보다 더 행복하다는 사실이 밝혀졌다. 학생들은 익명으로 진행한 설문 조사에서 행복한 정도를 10점 만점으로 평가했다.

가짜뉴스.com

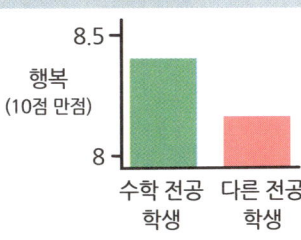

엘 냐

잠깐, 그래프를 보면
수학을 전공하는 학생이 '두 배'로 행복해 보여.
하지만 수치를 비교해 봐.

오, 네 말이 맞아! 0.2밖에 차이가 나지 않아.
그래도 수학을 전공하는 학생이 더 행복해.
많이는 아니더라도 말이야.

수학 마녀

엘 냐

글쎄… 이 자료는 단지 한 학교에서만 나온 거잖아.
예외적인 경우일 수도 있어.
대부분의 다른 학교에서는 수학을 전공하는 학생이
다른 전공 학생보다 덜 행복할 수도 있지.

수학 마녀

오, 그래. 그 말이 맞을 수도 있겠네.
난 꼼꼼하게 사실을 확인하는 편인데,
이번에는 진짜로 속고 말았어.

사람들은 자신이 진실이라고 믿는 생각이나 주장을
담고 있는 통계는 의심 없이 받아들일 가능성이 아주 커요.
이를 **확증 편향**이라고 해요.

제7장
수학과 컴퓨터와 미래

내가 할 일을 미리 알려 주고 건강을 관리해 주는 등
오늘날 컴퓨터가 하는 일은 아주 많아요.
컴퓨터가 없는 세상은 상상하기 힘들 정도지요.
심지어 사람들은 주머니 속에 고성능 컴퓨터를 넣고 다니며,
그 작은 컴퓨터로 다른 사람들과 연결하고, 길을 찾고,
어디서든 궁금한 것을 해결해요.

수학이 없었다면 이 모든 것이 불가능했을 거예요.
수학자들이 컴퓨터를 설계하고, 프로그램을 만들었지요.
그리고 컴퓨터는 수학을 이용해 무슨 일이든지 해내요.

언젠가 컴퓨터가 세상을 지배하는 날이 올 거라고 생각해?

우리가 이미 그러고 있다는 생각은 안 드나요?

컴퓨터란 무엇일까요?

컴퓨터란 어떤 **입력**을 받아서 그에 해당하는 **출력**을 만들어 내는 기계예요(아래를 보세요).

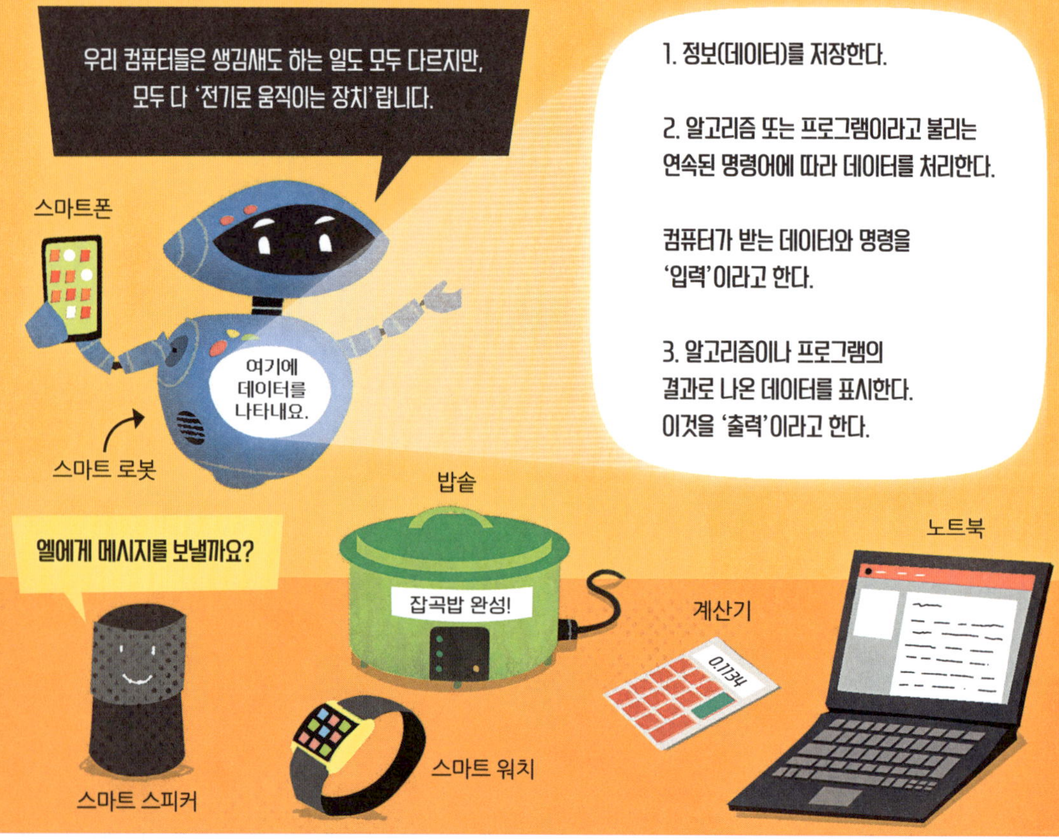

우리 컴퓨터들은 생김새도 하는 일도 모두 다르지만, 모두 다 '전기로 움직이는 장치'랍니다.

1. 정보(데이터)를 저장한다.

2. 알고리즘 또는 프로그램이라고 불리는 연속된 명령어에 따라 데이터를 처리한다.

컴퓨터가 받는 데이터와 명령을 '입력'이라고 한다.

3. 알고리즘이나 프로그램의 결과로 나온 데이터를 표시한다. 이것을 '출력'이라고 한다.

스마트폰

여기에 데이터를 나타내요.

스마트 로봇

엘에게 메시지를 보낼까요?

스마트 스피커

밥솥 — 잡곡밥 완성!

스마트 워치

계산기

노트북

최초의 컴퓨터는 오늘날의 장치와는 전혀 다르게 생겼어요.
사실 컴퓨터란 계산하는 *사람*을 가리키는 말이었어요.
계산이라는 영어 단어 '컴퓨트(compute)'에서 '컴퓨터(computer)'라는 단어가 나왔어요.

'컴퓨터'들은 대부분 여성이었는데, 다양한 종류의 작업에 참여했어요.

우리는 별의 위치를 계산했어요.

우리는 다리가 유지될 수 있는 구조를 계산하고…

…우주로 로켓을 쏘아 올리는 데 필요한 수학을 했어요.

컴퓨터들이 모인 부서에서는 복잡한 계산을 더 세세한 부분으로 나눈 다음, 각 사람이 동시에 작업해서 해결했어요.

둘 이상의 팀이 동시에 같은 계산을 수행하기도 했어요. 그러면 결과가 정확한지 쉽게 확인할 수 있으니까요.

이 계산은 다시 해 봐야겠네요.

이런 식의 계산은 보통 아주아주 오랜 시간이 걸렸고, 실수라도 하면 큰 비용이 낭비되거나 누군가의 목숨이 위험해질 수도 있었어요.

휴! 내가 저걸 잡아내서 다행이야. 안 그랬으면 저 우주 비행사들이 지금 어디에 있을지…….

달

유성

으윽! 스트레스가 엄청나겠는걸.

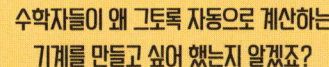
수학자들이 왜 그토록 자동으로 계산하는 기계를 만들고 싶어 했는지 알겠죠?

하지만 자동 계산 방법을 알아내기까지 시간이 꽤 걸렸어요.

계산하는 기계, 컴퓨터

최초의 기계식 컴퓨터는 1837년 수학자 찰스 배비지가 *설계*했어요.
이 기계를 '해석 기관'이라고 불렀지요.
하지만 그 당시 기술로는 이 기계를 *직접 제작*하는 게 너무 복잡했어요.
만약 실제로 만들어졌다면, 아주 큰 방을 다 차지했을 거예요.

해석 기관은 온갖 종류의 연산을 수행하도록 설계되었는데,
50자리 숫자 1000개를 저장할 수 있었어요.

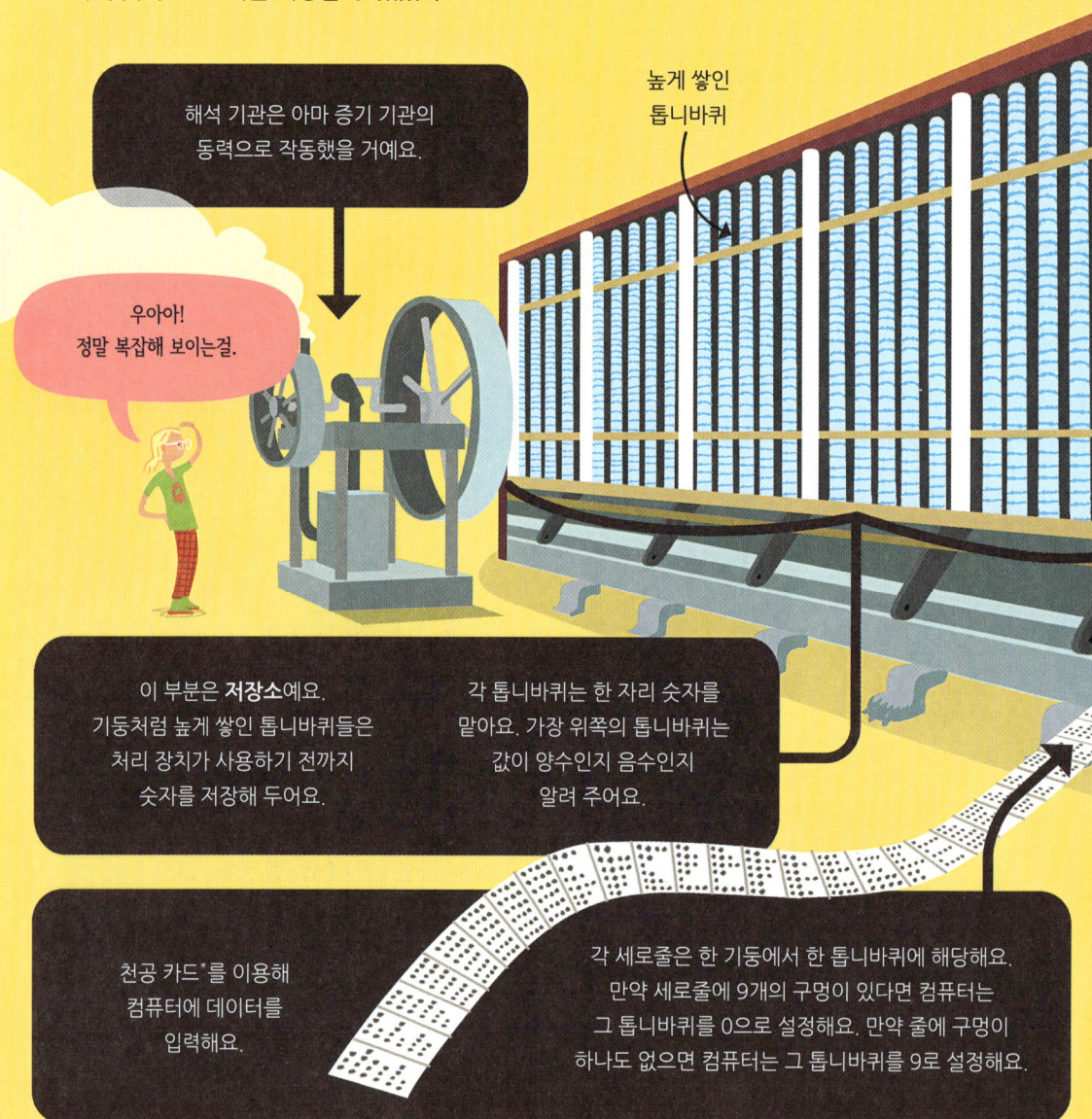

해석 기관은 아마 증기 기관의 동력으로 작동했을 거예요.

우아아! 정말 복잡해 보이는걸.

높게 쌓인 톱니바퀴

이 부분은 **저장소**예요. 기둥처럼 높게 쌓인 톱니바퀴들은 처리 장치가 사용하기 전까지 숫자를 저장해 두어요.

각 톱니바퀴는 한 자리 숫자를 맡아요. 가장 위쪽의 톱니바퀴는 값이 양수인지 음수인지 알려 주어요.

천공 카드*를 이용해 컴퓨터에 데이터를 입력해요.

각 세로줄은 한 기둥에서 한 톱니바퀴에 해당해요. 만약 세로줄에 9개의 구멍이 있다면 컴퓨터는 그 톱니바퀴를 0으로 설정해요. 만약 줄에 구멍이 하나도 없으면 컴퓨터는 그 톱니바퀴를 9로 설정해요.

*천공 카드는 일정한 자리에 몇 개의 구멍을 내어 그 짝 맞춤으로 숫자, 글자, 기호를 표시하는 카드로, 정보를 분류할 때 사용해요.

컴퓨터 언어

현대식 컴퓨터는 사람이 사용하는 수 체계를 이해하지 못해요.
컴퓨터는 그 대신 두 개의 기호, 즉 1과 0으로 이루어진 수 체계인
이진법으로 작동해요.

이진법은 2를 기준으로 수를 세는 체계예요. 이진법이란 2까지만 셀 수 있다는 뜻이에요.
이진법에서는 3을 11이라고 적어요. 그 이유는 다음과 같아요.

4의 자리 (2×2)	2의 자리 (2×1)	1의 자리
0	1	1

2 + 1 = **3**

오른쪽에서 왼쪽으로 갈수록 자릿값이 2의 배수(두 배)씩 증가해요.

왜 컴퓨터는 이진법을 사용하는 거예요? 우리 사람처럼 10까지 세는 게 더 쉬울 텐데요.

인간은 손가락이 10개라서 10으로 세기 시작했을 거야. 컴퓨터는 '손가락'이 2개뿐이니까 2로 세는 것이 더 수월하지. 음, 사실 *진짜* 손가락은 아니고… 그저 두 가지 상태로만 바뀔 수 있다는 뜻이야. 바로 끄기(0)와 켜기(1)란다.

스위치를 따라 전류가 흐를 때는 켜짐 또는 1

스위치로 전류가 흐르지 않을 때는 꺼짐 또는 0

처음에 이러한 스위치는 우리 눈으로 볼 수 있을 정도로 컸어요.
오늘날 스위치는 고작 원자 몇 개 두께밖에 안 되고,
컴퓨터 칩 안에는 수백만 또는 수조 개의 스위치가 들어갈 수 있어요.
스위치가 많을수록 한꺼번에 더 많은 정보를 처리할 수 있어요.
덕분에 컴퓨터는 훨씬 더 작아지고 훨씬 더 빨라졌어요.

컴퓨터의 이진법은 단지 수를 다루는 데만 사용하는 것은 아니에요.
문서와 소리, 이미지와 영상 등 모든 것을 1과 0을 써서 저장해요.

자판에서 영어로 'hello!'(안녕!) 하고 입력하면, 각 글자는 저마다 1과 0으로 이루어진 8자리 수로 바뀌어요.

컴퓨터는 이 모든 1과 0을 글자로 바꿔서 출력해 화면에 나타내요.

컴퓨터에서 그림은 픽셀이라고 불리는 아주 작은 사각형으로 이루어져요.

1과 0의 일정한 배열에 따라, 컴퓨터는 픽셀의 위치와 색깔을 처리해 화면에 표시해요.

인간의 뇌는 이진법으로 작동하지 않기 때문에, 사람들은 컴퓨터와 '대화'할 때
이진법으로 바꿔 주는 파이썬, 자바, C++와 같은 프로그래밍 언어를 써요.
프로그래밍(또는 코딩)이란, 사람들이 컴퓨터가 할 일을 알려 주는 알고리즘을 작성하는 일을 말해요.

컴퓨터 프로그래밍은 수학 퍼즐을 푸는 것과 비슷해요. 논리적으로 생각하고 차근차근 순서에 맞춰서 작업해야 하죠.

수학자들은 더 좋은 새 프로그램을 개발하기 위해 노력하고 있어요. 예를 들어 작곡을 하거나 엄청나게 복잡한 증명을 푸는 컴퓨터 프로그램을 만들려는 거예요.

프로그램 실행하기

컴퓨터는 사람처럼 생각할 수 없어요. 상상력도 없고 스스로 판단할 수 있는 자유 의지도 없어요. 컴퓨터가 정말 잘하는 것은 명령어들로 구성된 정확한 절차를 따르는 일이에요. 이 절차를 **알고리즘**이라고 해요.

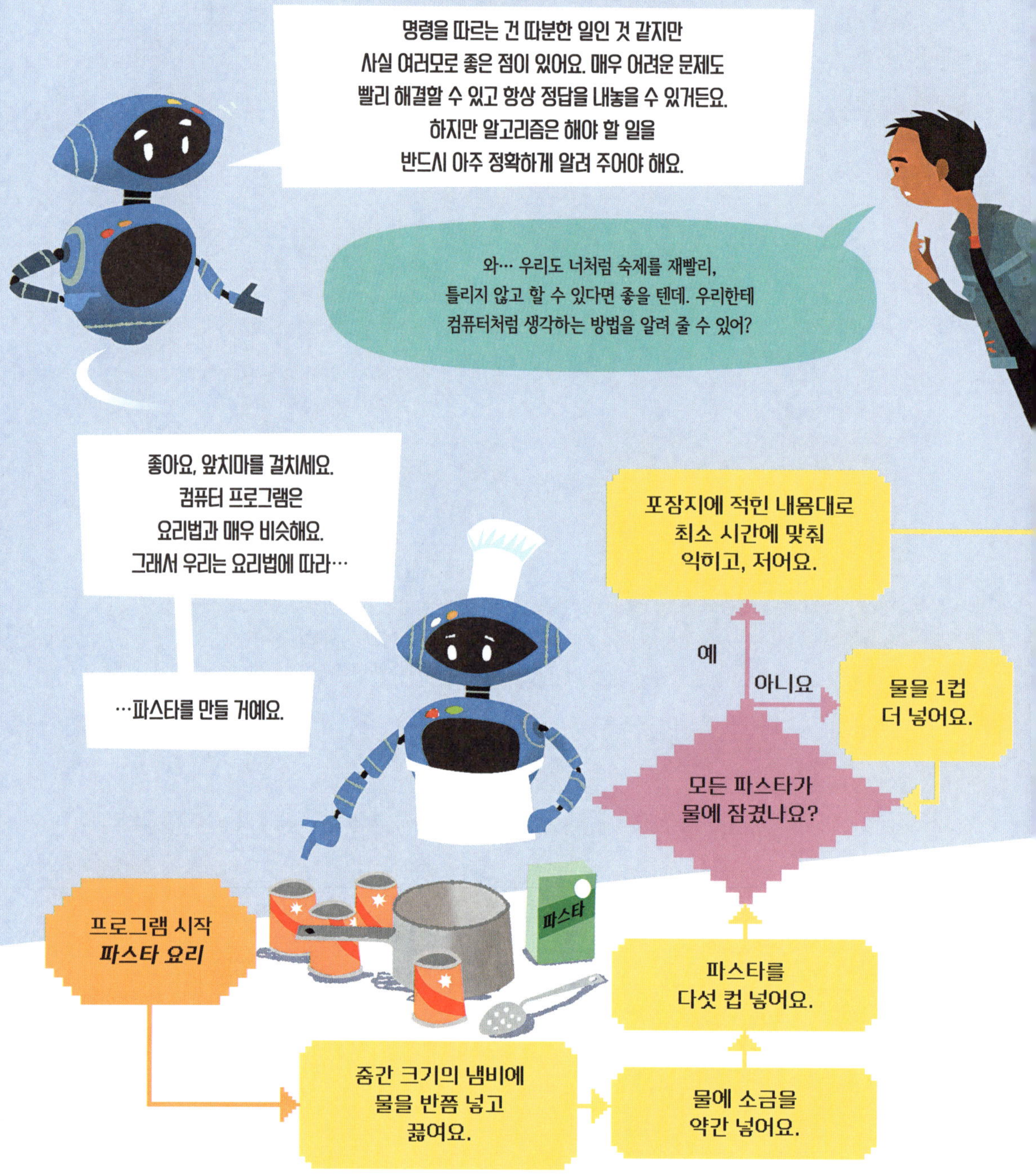

명령을 따르는 건 따분한 일인 것 같지만 사실 여러모로 좋은 점이 있어요. 매우 어려운 문제도 빨리 해결할 수 있고 항상 정답을 내놓을 수 있거든요. 하지만 알고리즘은 해야 할 일을 반드시 아주 정확하게 알려 주어야 해요.

와… 우리도 너처럼 숙제를 재빨리, 틀리지 않고 할 수 있다면 좋을 텐데. 우리한테 컴퓨터처럼 생각하는 방법을 알려 줄 수 있어?

좋아요, 앞치마를 걸치세요. 컴퓨터 프로그램은 요리법과 매우 비슷해요. 그래서 우리는 요리법에 따라…

…파스타를 만들 거예요.

포장지에 적힌 내용대로 최소 시간에 맞춰 익히고, 저어요.

예 / 아니요

물을 1컵 더 넣어요.

모든 파스타가 물에 잠겼나요?

프로그램 시작
파스타 요리

중간 크기의 냄비에 물을 반쯤 넣고 끓여요.

물에 소금을 약간 넣어요.

파스타를 다섯 컵 넣어요.

명령어만 그대로 따르는 것은 너무 제한적으로 보일지도 몰라요.
하지만 컴퓨터가 우리에게 도움이 되는 일을 할 수 있는 건 모두 다 알고리즘 덕분이에요.
예를 들어 알고리즘은 컴퓨터에게 어떻게 신호등을 제어할지, 멸종 위기에 빠진 동물을
어떻게 추적할지, 우리가 인터넷에서 무언가를 검색했을 때 어떤 결과를 보여 줄지 알려 주어요.

알고리즘은 생활의 모든 영역에서 사용되고 있어.
전혀 예상하지 못한 곳에도 알고리즘이 쓰이지.
어떤 회사에서는 새로운 일자리에 맞는 구직자들을 선발할 때
알고리즘을 사용해.

우아… 컴퓨터 알고리즘이
내가 취직을 할지, 못 할지 결정하는 데
영향을 준다고요?

물론이야, 알고리즘의 쓰임새는 점점 넓어지고 있어.
어떤 목적을 위한 것이든 못 만드는 알고리즘은 없다고 생각하는
프로그래머들도 있어. 맛있는 새 파스타 소스를 개발하는 것도,
무엇이 인간을 행복하게 만드는지 알아내는 것도
알고리즘을 만들어서 다 할 수 있다는 거지.

인공 지능

컴퓨터는 모든 종류의 작업을 인간보다 더 잘 수행할 수 있지만,
컴퓨터의 '인공 지능'(또는 AI)은 인간의 지능과 아주 달라요.
인공 지능은 엄청나게 빠른 속도로 데이터를 처리할 수 있지만,
스스로 생각할 수는 없어요. 아직까지는요.

컴퓨터 프로그래머는 점점 더 인간처럼 생각하고, 보고, 행동하는 알고리즘을 개발하고 있어요.
컴퓨터 지능 분야에서 가장 큰 발전 중 하나는 기계 학습, 즉 **머신 러닝**이에요.
머신 러닝이란, 인간처럼 경험을 통해 배우는 알고리즘을 짜는 기술이에요.

다음의 예는 컴퓨터가 머신 러닝을 사용해 악어와 오이를 구분하는 방법을
배우는 과정이에요.

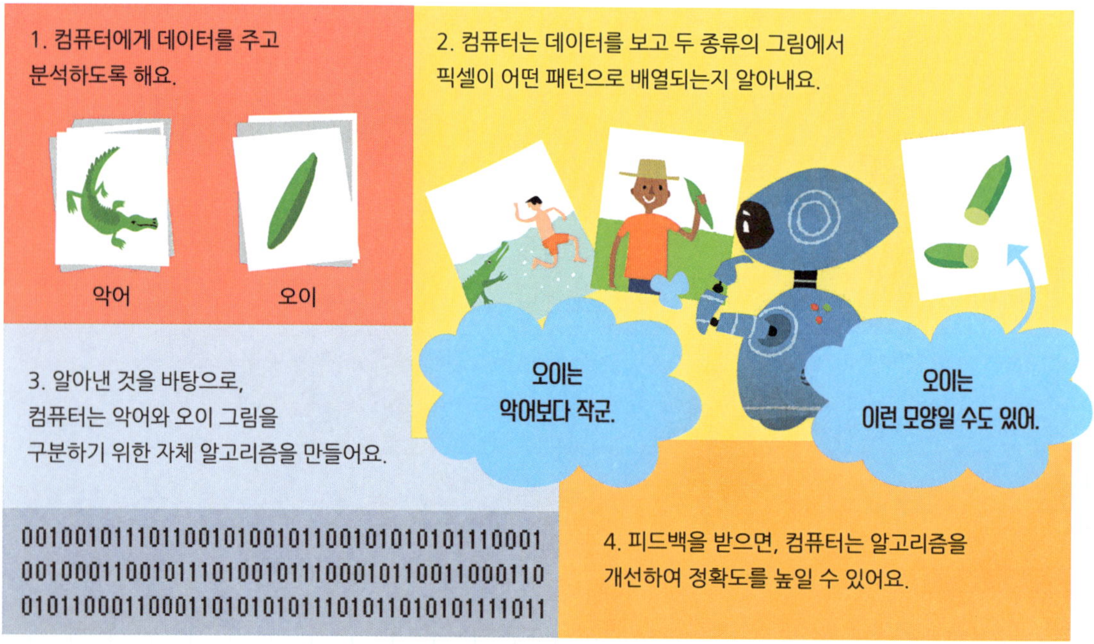

1. 컴퓨터에게 데이터를 주고 분석하도록 해요.

악어   오이

2. 컴퓨터는 데이터를 보고 두 종류의 그림에서 픽셀이 어떤 패턴으로 배열되는지 알아내요.

오이는 악어보다 작군.

오이는 이런 모양일 수도 있어.

3. 알아낸 것을 바탕으로, 컴퓨터는 악어와 오이 그림을 구분하기 위한 자체 알고리즘을 만들어요.

4. 피드백을 받으면, 컴퓨터는 알고리즘을 개선하여 정확도를 높일 수 있어요.

왜 이 오이는 나를 무는 걸까요?

그건 *새끼* 악어야, 마커스! 우리가 너한테 아직 새끼 악어 사진을 보여 주지 않았구나.

머신 러닝으로 컴퓨터는
픽셀을 분석하여 '볼' 수는 있지만,
사실 사진에 무엇이 있는지는
이해하지 못해요.
특히 데이터에 빈 부분이 있을 때는
인간이 하지 않는 실수를
저지르기도 하지요.

머신 러닝으로 미래에는 모든 것이 가능해질 거예요.
하지만 동시에 이 기술은 많은 사람에게 걱정거리를 안겨 주고 있어요.

머신 러닝 덕분에 저는 이미지와 목소리를 인식하여 여러분과 상호 작용할 수 있어요.
또 머신 러닝 덕분에 무인 자동차도 가능해졌고, 병원에서 촬영한 의료용 사진을 컴퓨터로 분석할 수도 있어요.

인공 지능과 머신 러닝은 분명히 장점이 많아요.
하지만 인간의 명령을 무시하는 킬러 로봇* 같은 무시무시한 기술로 이어질 수 있어요.

*킬러 로봇: 적군과 싸우는 임무를 사람이 아니라 로봇이 하도록 만든 신무기.

로봇과 컴퓨터가 모든 일을 하게 될까요?
그럼 인간은 어떤 일을 하죠?

어떻게 하면 인공 지능을 좋은 용도로 사용할 수 있을까요?

어떤 결정을 내릴 때는 컴퓨터에게 맡기는 게 나아요. 컴퓨터는 공정하고 선입견이 없으니까요.

하지만 우리는 알고리즘에 인종 차별 등 우리 사회의 여러 편견이 반영되어 있다는 사실을 발견했어요. 컴퓨터에 입력되는 데이터 안에 이미 편견이 들어 있기 때문이죠.

하지만 나쁜 건 *인공 지능*이 아니에요. 신중하게 데이터를 입력하지 않거나, 나쁜 방향으로 사용하려고 하는 인간이 나쁘죠.

우리는 프로그램을 작성하는 방법을 배워야 해요. 그래야 직업도 구할 수 있고, 인공 지능이 우리 모두의 삶을 개선하는 데 사용되도록 만들 수 있어요.

인공 지능은 우리 삶을 더 나아지게 할 수도 있고, 더 나빠지게 만들 수도 있어요.
여러분은 어떻게 생각하나요?

제8장
수학 모델

'**수학 모델**'은 점토로 만든 입체 도형도 아니고,
수학자들이 무대 위를 모델처럼
걸어 다니는 건 더더욱 아니에요.
수학 모델은 그보다 훨씬 더 강력한 거예요.

수학자는 숫자와 기호를 사용해 현실 세계의 온갖 문제를
다 설명해요. 이러한 수학 **모델**은 우리 주변의 상황이
어떻게 될지, 미래에 어떤 일이 생길지를
예측할 수 있는 놀라운 통찰력을 가져다주어요.
모델을 만드는 과정(**모델링**)에서 수학과 현실이 만나게 되지요.

수학 모델 만들기

수학 모델을 만들면 현실 세계의 문제를
더 쉽게 이해할 수 있고, 더 쉽게 해결할 수 있어요.

이런 모델이 없다면, 직접 시행착오를 겪으며 문제를 해결해야 할 거예요.
그러면 많은 시간과 자원을 낭비하게 될 수도 있어요.

언제나 모델을 만드는 첫 번째 단계는, 우리가 이미 알고 있는 정보를 정리하는 거예요.

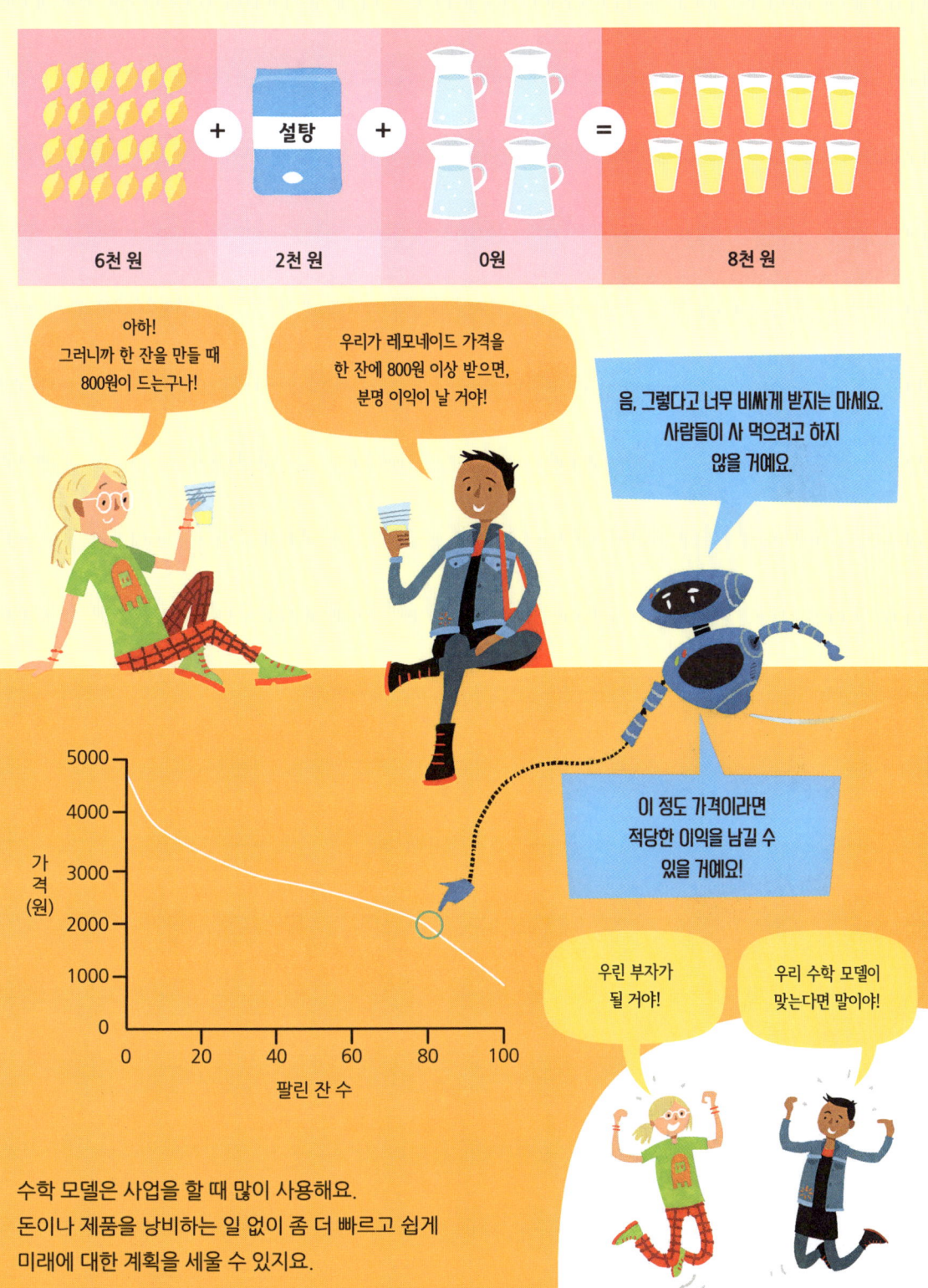

가정하기

수학 모델이 너무 단순하면 실제 현실을 제대로 설명할 수 없어요.
그렇다고 너무 복잡하면 쓸모 있는 해결책이나 예측을 내놓을 수 없지요.
수학자들은 둘 사이에서 완벽한 균형을 맞추기 위해, **가정**을 세워요.

어떤 가정을 하는 거지?

모든 것에 대한 가정이죠!

그렇다면 레모네이드가 증발하지 않을 거라는 가정도 필요하겠네?

그리고 운석이 우리 가판대에 떨어져서 장사를 망치지 않을 거라는 가정도!

바로 그거예요! 수학 모델은 실제 세계를 *단순하게* 만든 거예요. 먼저 모든 종류의 가정을 만들면 수학 모델을 단순하게 유지할 수 있어요.

가정:
- 레모네이드는 증발하지 않는다.
- 물은 비용이 들지 않는다.
- 각각의 컵에는 정확히 400밀리리터가 담긴다.
- 가판대를 지나가는 사람들은 모두 레모네이드를 좋아한다.
- 우리와 경쟁하는 다른 레모네이드 가게는 없다.
- 운석이 떨어지지 않는다.

알겠어. 레모네이드가 아주 조금 증발하더라도 가격에는 영향을 끼치지 않을 거야. 또 운석이 떨어진다면 *진짜로* 장사를 망치겠지만, 그럴 가능성은 아주 낮아!

수학자가 모델을 만들 때에는 *반드시* 가정이 필요해요.
이렇게 하면 수학 모델은 중요한 정보에 초점을 맞출 수 있어요.

강력한 예측

미래에 어떤 일이 일어날지 예측한다면 아주 유용하겠지요. 예를 들어 **일기 예보** 덕분에 사람들은 때맞춰 농작물을 심을 수 있고, 기상 이변에 대비할 수 있어요. 또 레모네이드 판매량도 최대로 올릴 수 있을 거예요.

날씨를 예측하기 위해,
수학자는 지구의 대기와 바다 모델을 만들어요.

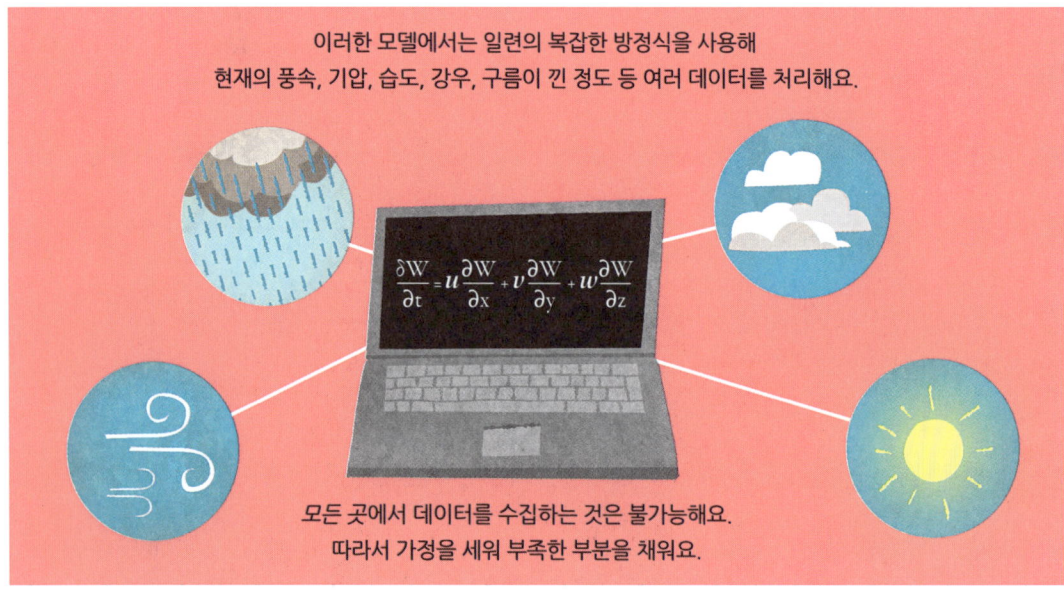

이러한 모델에서는 일련의 복잡한 방정식을 사용해
현재의 풍속, 기압, 습도, 강우, 구름이 낀 정도 등 여러 데이터를 처리해요.

$$\frac{\partial W}{\partial t} = u\frac{\partial W}{\partial x} + v\frac{\partial W}{\partial y} + w\frac{\partial W}{\partial z}$$

모든 곳에서 데이터를 수집하는 것은 불가능해요.
따라서 가정을 세워 부족한 부분을 채워요.

일기 예보 모델에는 사람이 처리하기에는 계산이 너무 많이 들어 있어요.
강력한 슈퍼컴퓨터가 무수히 많은 계산을 빠르게 해내 미래의 날씨가 어떨지 예측해요.

드디어 끝!
내 계산에 따르면 3월 5일 태풍이
우리 쪽에 도착할 가능성이 커요.

음, 그 태풍은 이미 지나갔는데요…
계산은 이 슈퍼컴퓨터에
맡기도록 하세요.

이런 슈퍼컴퓨터는
초당 수천조 개의 계산을
수행해요.

완벽한 모델은 존재하지 않아요. 하지만 수학자와 과학자는 다양한 일기 예보 모델을 써서
좀 더 정확하게 앞으로의 날씨를 예측할 수 있어요.

나비 효과

현재 상태에서 일어난 아주 작은 변화가
미래의 날씨에 엄청난 영향을 미칠 수 있어요.
수학자는 이것을 **나비 효과**라고 불러요.

지구의 어느 곳에서
나비가 날개를 팔랑이면…

…그 팔랑거림 때문에
한 달 후에 다른 곳에서 토네이도가
발생할 수도 있다는 뜻이에요.

실제로 일어난 일은 아니지만, 수학자는 날씨처럼 복잡한 시스템을 예측하는 게
얼마나 어려운 일인지 보여 주기 위해 이런 가상 상황을 이용해요.

일기 예보 모델에서
처음의 조건에
아주 작은 변화가 생기면 …

…단기적으로는
비슷한 예측들을
내놓지만…

…더 먼 미래에
일어날 일에 대해서는
전혀 다른 예측을 내놓아요.

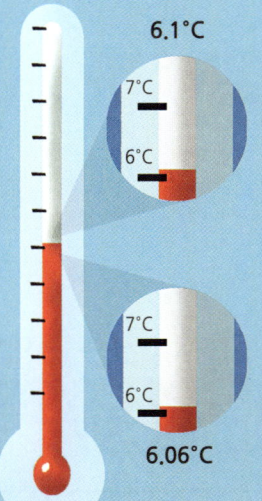

나비 효과는 **카오스 이론**이라고 불리는 수학 이론의 한 예예요.
카오스란 *혼돈 상태*를 뜻해요. 수학자들은 처음에 발생한 아주 작은 변화가
크고 무질서해 보이는 결과를 가져올 때 이를 카오스라고 표현해요.

게임 이론

인간 행동에 대한 모델을 만들다 보면 예상치 못한 결과가 나오기도 해요.
사람은 누구나 자기에게 가장 이익이 되는 선택을 한다고 생각하기 쉽지만,
게임 이론이라는 수학 이론으로 그렇지 않다는 것이 증명되었어요.

5장에 나왔던 자전거 도둑이 공범과 함께 잡혔다고 상상해 보세요.
두 도둑은 마커스 형사에게 각각 다음과 같은 최후통첩을 받았어요.

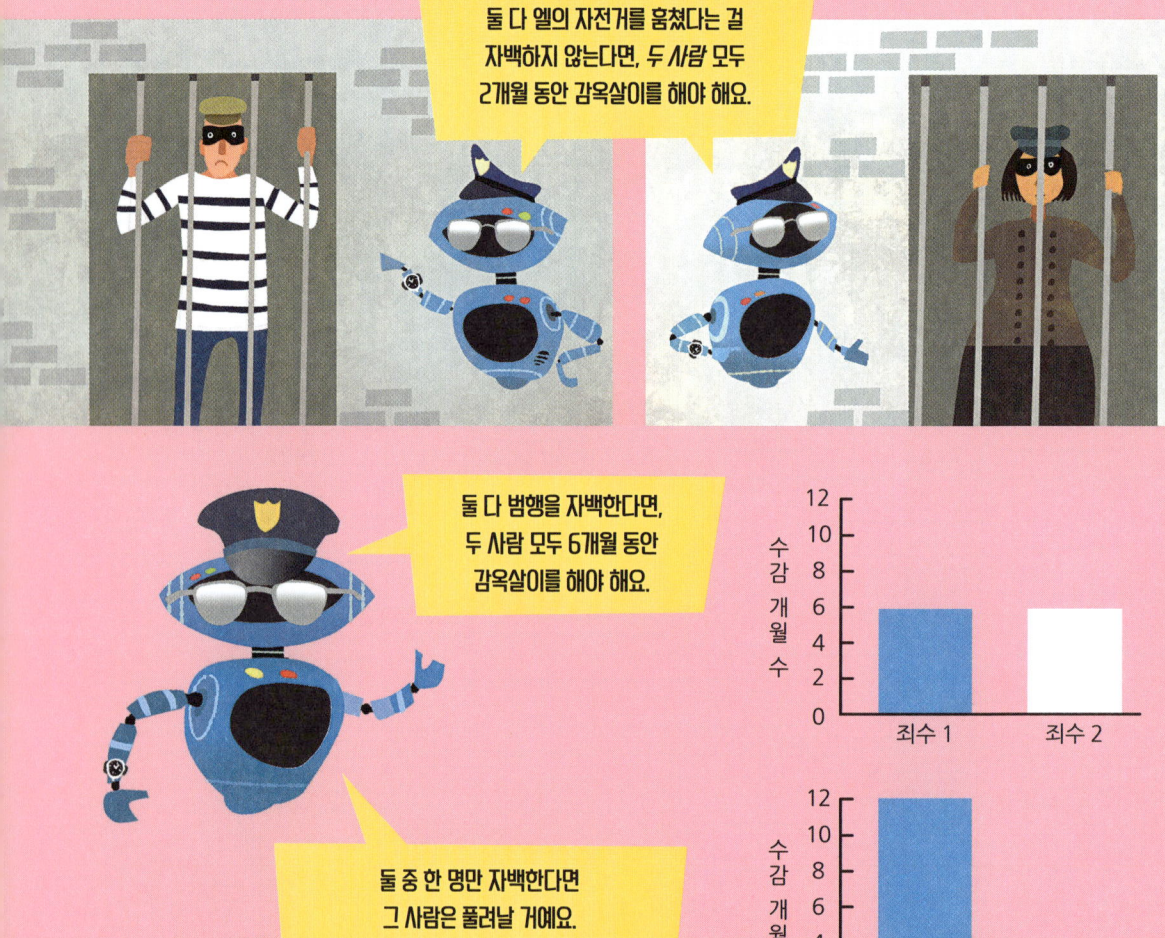

수학자는 이러한 상황을 게임으로 설정해 모델을 만들었어요.
수학자는 이 일에 관련된 사람들을 게임에서 '이기기' 위한 결정을 내리는 '참가자'라고 가정해요.
그래서 이것을 **게임 이론**이라고 불러요.

이 모델은 **죄수의 딜레마**라는 말로 알려져 있어요. 딜레마란 둘 중 어느 쪽을 선택하든 결과가 좋지 않은 곤란한 상황을 뜻해요. 참가자의 결정이 서로에게 영향을 미칠 때, 가장 논리적인 결정이 두 참가자 모두에게 항상 최선의 결과가 되지는 않는다는 것을 보여 주는 이야기죠. 이 모델로 두 사람이나 작은 집단 간에, 심지어 전 세계 국가들이 왜 협력하기 어려운지 설명할 수 있어요.

모든 일에 모델을 만들 수 있나요?

어떤 일과 관련된 데이터를 모을 수 있다면, 모델을 만들어서 설명할 수 있어요. 수학자들은 실제로 우리 삶의 거의 모든 영역에서 일어나는 일을 설명하기 위해 모델을 만들어서 사용하고 있어요.

정부와 의료 기관은 모델을 사용해 바이러스와 전염병이 어떻게 퍼져 나가는지 예측해요. 그러면 질병의 확산을 좀 더 잘 통제할 수 있어요.

컴퓨터 게임이 사실적으로 느껴지는 것은 실제 세계에서 사물이 어떻게 움직이고 행동하는지 잘 나타낼 수 있는 모델 덕분이에요.

과학자는 모델을 사용해 소행성이 지구와 충돌할 가능성을 예측해요.

공학 기술자들은 건축물을 짓기 전에 모델을 사용해 설계가 제대로 되었는지 시험해요.

스포츠 경기에서 수집한 데이터는 선수들의 실력을 평가하고 결과를 예측하는 모델을 만드는 데 사용해요.

모든 일에 모델을 만들어야 하나요?

수학자는 거의 모든 일에 관해 다양한 수준의 정확도로 모델을 만들 수 있어요.
하지만 그렇다고 해서 *반드시* 모든 일에 모델을 *만들어야* 하는 걸까요?

미래에는 더 강력한 컴퓨터와 수많은 데이터를 이용해, 점점 더 정확하게 모든 것을 예측할 수 있을 거예요.

5년 후 도시에 얼마나 많은 사람이 살게 될지 아주 정확히 예측할 수 있다고 상상해 보세요. 그러면 새로운 병원이나 학교, 교통망을 놀랍도록 정확하게 계획할 수 있을 거예요.

하지만 어떤 모델은 소수의 사람에게만 도움이 되는걸요. 온라인 마케팅 모델은 기업이 더 많은 물건을 팔 수 있게 해 주어요. 그걸 더 정교하게 만든다면 사람들은 자신에게 정말로 필요도 없고 원하지도 않는 물건을 구매하게 될 수도 있어요.

어떤 모델은 아무리 정확해도 실제로는 그다지 도움이 안 될 거라고 생각해요. 인간 행동에 관한 모델은 사람이 어떤 행동을 할 것인지만 알려 줘요. 사람이 어떻게 행동해야 하는지는 완전히 다른 문제예요. 이 문제에 답을 줄 수 있는 모델은 없다고요.

깜짝 소식은 아껴 두는 편이 좋아요. 만약 모든 것을 미리 다 모델로 만들어서 알게 된다면, 사는 게 재미없을 거예요.

무엇을 모델로 만들지 신중하게 생각할 필요가 있을 것 같아요. 문제는, 자기에게는 정말 유용하지만 다른 사람에게 피해를 주는 모델을 만드는 행위를 막을 수 없다는 거예요. 수학은 강력한 수단이라는 걸 잊지 마세요!

이제 무엇을 할까요?

우아… 수학이 이렇게 넓고 다양한 분야인지 몰랐어. 수학은 정말 어디에나 있구나.

정말 놀라워! 이제 수학이 뭔지, 수학이 어떻게 작동하는지 더 많이 알게 되었으니, 생활 속에서 수학을 더 많이 활용할 수 있을 거야.

수학을 활용하는 방법

수학을 이용해 **더 나은 결정**을 내려요.
은행 통장을 만들거나 게임을 할 때도요.

흥미로운 **사고 실험**과 **역설**에 흠뻑 빠져 보세요.

이상하고 재미있는 **수**를
누가 더 많이 알고 있는지
친구나 가족과 겨루어 보세요.

일상생활 속에서
수학을 하고 있을 때를
찾아보세요.

뉴스를 볼 때, 통계를 검증하거나
가짜 뉴스를 찾아낼 수 있을 거예요.

음… 내가 보기엔
뭔가 맞지 않는 것 같은데…….

선거 결과
23%
15%
67%

이론 **증명**을 직접
시도해 볼 수도 있죠.

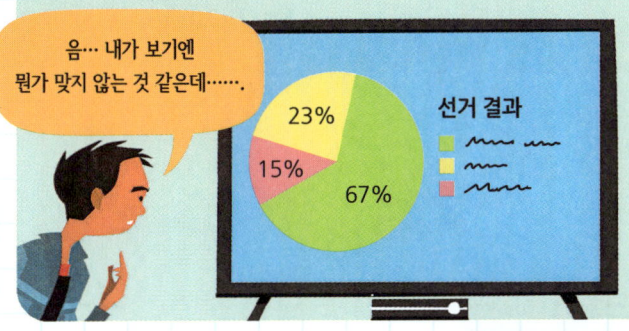

호지 추측

$Hdg^k(X) = H^{2k}(X,Q) \cap H^{k,k}(X).$

코딩을 배워서
컴퓨터 게임이나 **앱**을
만들 수도 있어요.

수학과 관련된 직업

수학을 하면 논리적으로 생각할 수 있고 문제를 해결할 때도 도움이 돼요.
수학은 무슨 일을 하든 유용한 도구예요.
하지만 몇몇 직업에서는 특히 수학이 중요하게 사용되지요.

과학자

모든 분야의 과학자는 자신의 이론을 시험하고 실험 결과를 분석하기 위해 통계를 사용해요.

저는 생화학자예요. 새로운 약을 개발하고 시험하는 데 매일 수학을 사용하죠. 지금은 코로나19 백신의 예방률을 조사하고 있어요.

엔지니어

엔지니어는 분야가 무척 다양해요. 어떤 사람은 다리, 자동차, 컴퓨터를 만들고, 어떤 사람은 로켓이나 인공 팔, 인공 다리를 만들어요. 하지만 거의 모든 엔지니어가 복잡한 계산을 해서, 기술적인 문제를 해결하는 가장 합리적인 방법을 찾아요. 한편 수학 모델이나 프로그래밍 또는 다른 종류의 수학을 사용하는 엔지니어들도 있어요.

컴퓨터 과학자 또는 프로그래머

프로그래머가 되려면 기본적인 수학 실력을 갖춰야 해요. 어떤 사람들은 컴퓨터가 인공 지능을 가지도록 프로그래밍하는 것이 가장 어려운 수학일 거라고 생각하죠.

저는 컴퓨터 프로그래머예요. 컴퓨터가 멋지고 새로운 일을 하도록 프로그램을 개발하는 일을 해요. 지금 저는 컴퓨터가 음악을 즐길 수 있게 하는 프로그램을 쓰고 있어요.

보험계리사

보험계리사는 미래에 일어날 위험을 측정하는 수학 모델을 만들어, 정부와 기업이 미래를 대비하고 계획할 수 있도록 도와요. 예를 들어, 수학 모델을 이용해 특정한 작업을 하는 사람이 상해를 입거나 사망할 가능성을 예측하기도 하죠.

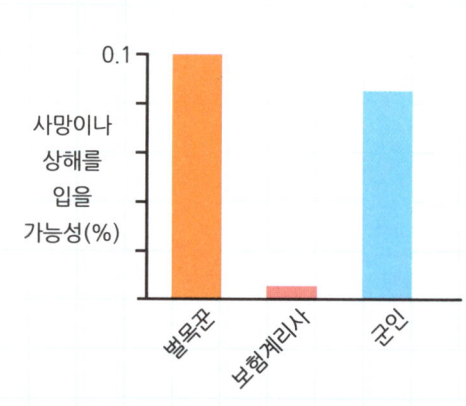

은행 직원

은행에서 일하기 위해 *반드시* 수학을 공부해야 할 필요는 없지만, 가장 흥미롭고 보람 있는 일을 맡으려면 전문적인 수학 지식이 필요할 수도 있어요.

저는 은행에서 계량분석 전문가로 일하고 있어요. 제가 만든 수학 모델에 따라 은행은 무엇을 사고 언제 팔아야 할지를 결정해요. 제 모델이 제대로 작동하면, 은행은 큰돈을 벌지요. 물론 저도 마찬가지고요.

데이터 과학자

데이터 과학자는 모든 종류의 정보를 찾아내 내용을 분석하고, 사람들이 이해하기 쉽게 설명해요.

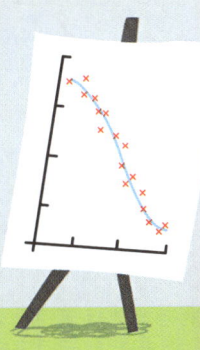

경제학자

경제학은 정부와 기업이 어떤 일을 하고, 무엇을 사고파는 게 좋은지 연구하는 학문이에요. 경제학을 하려면 간단한 계산에서부터 통계학, 매우 복잡한 수학 모델 등에 이르기까지 모든 종류의 수학이 필요해요.

회계사

회계사는 개인과 기업 또는 정부가 벌어들이고, 저축하고, 사용한 돈을 파악하고 기록하도록 도와요.

한 잔에 **2천 원**

전 수학을 가르쳐요. 어떤 아이는 자신이 원래 수학을 못 한다고 말해요. 하지만 선생님들은 그게 사실이 아님을 증명하려 하지요. 수학은 모두를 위한 것이니까요!

선생님

수학자들은 학교나 대학에서 미래의 수학자들을 가르치면서, 수학을 향한 자신들의 사랑을 그대로 전해 주어요.

대학에서는 학생과 교수가 다양한 상황에서 수학을 적용하는 새로운 방법을 찾아내기 위해 연구해요.

낱말 풀이

다음은 이 책에 나온 주요한 단어들의 뜻을 설명한 거예요. *이탤릭체*로 쓰인 단어는 이 낱말 풀이 안에 설명되어 있는 단어라는 것을 의미해요.

4차원 초입방체 3차원 공간에서 표현한 4차원 도형.

게임 이론 사람들이 경쟁 상황에서 내리는 결정을 분석하는 수학 분야.

공리 참으로 받아들이는 *명제*. 수학적 사고의 출발점.

그래프 *데이터*를 분석하여 변화를 한눈에 알아볼 수 있도록 직선이나 곡선으로 표현한 것.

기하학 도형, 점, 선, 각도, 차원을 다루는 수학 분야.

논리 추론을 통해 문제를 해결하는 과정. *공리*를 출발점으로 삼는 경우가 많음.

대수학 모르거나 변할 수 있는 수를 문자로 나타내는 수학 분야.

대칭 점·선·면이 한 점·직선·평면을 사이에 두고 같은 거리에 마주 놓인 것.

데이터 의미 있는 정보를 가진 모든 값. 또는 *컴퓨터*가 처리하는 정보.

머신 러닝 *컴퓨터*가 사람의 직접적인 명령 없이도 경험을 통해 학습하는 기술.

명제 참이나 거짓을 명확하게 판별할 수 있는 문장이나 식.

무리수 분수로 나타낼 수 없는 수. 소수점 아래에서 같은 수의 배열이 반복적으로 나타나지 않고 계속되는 것.

방정식 미지수의 값에 따라 참이 되거나 거짓이 되는 등식.

분수 두 *정수*의 비율로 나타낼 수 있는 수. 분수는 수직선 위의 *정수*들 사이에 있음.

빅 데이터 아주 많은 양의 *데이터*.

산수 수와 계산에 관련된 수학 분야.

소수(素數) 1과 자기 자신으로만 나누어지는 *정수*.

수열 어떤 규칙에 따라 나열된 수.

수학 모델 실제 세상이나 상황을 수학적으로 표현한 것.

숫자 각기 다른 값을 가지는 수를 나타내는 기호.

알고리즘 어떠한 작업을 수행하기 위한 명령어들로 구성된 집합.

암호화 무단 접속을 막기 위해 정보를 변환하는 보안 수단.

위상 수학 휘어지고 늘어나고 비틀리거나 구부려져도 변하지 않는 도형의 성질을 연구하는 수학 분야.

음수 0보다 작은 수.

이진법 0과 1, 두 종류의 수만 사용하여 2를 기본 단위로 세는 방법.

인공 지능(AI) 사람과 비슷하게 생각하고 행동하는 *컴퓨터*의 능력.

입력 컴퓨터에 *데이터*, 명령어, *프로그램*을 넣는 것.

정수 분수나 소수(小數, 일의 자리보다 작은 자릿값을 가진 수)가 아닌 수.

증명 어떤 수학 *명제*가 참이라는 것을 밝히는 과정.

집합 수나 도형, 물체 등을 하나의 단위로 묶은 것을 나타내는 수학 용어.

차원 어떤 특정한 공간에 있는 물체를 측정할 수 있는 선(길이, 너비, 깊이 등)의 최소 개수. 1차원, 2차원, 3차원, 4차원 등.

출력 컴퓨터가 *프로그램*에 따라 *데이터*를 내보내는 것.

카오스 이론 아주 미미한 변화가 예상치 못한 결과를 불러일으키는 복잡한 현상을 설명하는 수학 분야.

컴퓨터 *프로그램*에 따라 *데이터*를 저장하고 처리하는 기계.

코딩 *컴퓨터 프로그램*을 작성하는 일.

통계 *데이터*를 수집, 정리, 분석하여 결과를 제시하는 일과 관련된 수학 분야. 또는 체계적으로 정리한 *데이터*.

파이 원의 둘레를 지름으로 나눈 값(대략 3.14). 그리스 문자 'π'로 나타냄.

패턴 수학적인 규칙에 따라 반복되는 수, 도형 또는 사건의 배열.

평행 항상 같은 거리로 떨어져 있어 절대 만나지 않는 두 개의 선.

프랙털 어떤 *패턴*이 다른 비율로 끝없이 되풀이되는 구조.

프로그램 *컴퓨터* 언어로 작성한 *컴퓨터*가 할 일을 알려 주는 *알고리즘*.

확률 어떤 사건이 일어나거나 참일 가능성을 분석하는 수학 분야.

확증 편향 자신의 신념이나 가치와 부합하는 통계 자료를 사실이라고 받아들이는 경향.

p-값 통계를 얼마나 신뢰할 수 있는지 나타낸 값. 0에서 1 사이의 수로 나타내며 p-값이 작을수록 신뢰성이 높음.

찾아보기

0(영) 11, 24~25
10진법 17, 18
2진법(이진법) 19, 102~103
4차원 초입방체 66
60진법 17

ㄱ

가짜 뉴스 94~95, 121
가짜 약 92~93
각도 17, 20, 22~23, 39, 44~45, 50, 54~55
게임 이론 116~117
공리 23
과학 39, 122
그래프 이론 63, 73
그리스 22~23, 43, 45, 46, 71
기하급수적인 증가 36~37
기하학 8, 43, 44~45, 50~54
기호 8, 11, 16~18, 24~25, 44, 102, 109

ㄴ

나비 효과 115
난수 41
논리 8, 63, 70~71, 78

ㄷ

달 13
달력 13, 21
대수학 8, 38~39
대칭 12, 48~49
데이터(자료) 9, 60, 81, 88~91, 94~95, 98, 100, 106~107, 114, 118, 119, 123
도표 57, 58, 60~61, 88~89
도형 32, 43~55, 64, 66~67
돈 6, 8, 20, 36~37, 88~89, 109~111, 123

ㄹ

레온하르트 오일러 62~63

로마 20
로봇 7, 8, 57, 58, 61, 98, 106~107
리만 가설 35, 76

ㅁ

마야 21
머신 러닝 106~107
메소포타미아 11, 16, 20
모델(모델링) 9, 109, 110~119, 122, 123
몬티 홀 문제 84~85
뫼비우스의 띠 51
무게 20, 38
무리수 41, 46
무한대 28~29
무한호텔 27, 28
무함마드 이븐 무사 알 콰리즈미 38
밀레니엄 문제 76~77

ㅂ

바빌로니아 16~17, 18, 24, 90
배열 12, 27, 30~33, 103, 106
벤다이어그램 61
별 8, 33, 39, 43, 98
브라마굽타 24
빅 데이터 90
빅뱅 55

ㅅ

사회 관계망 서비스(SNS) 90
산수(연산) 8, 17, 18~19, 44, 100~101
산점도 61
석기 시대 14~15
선 그래프 60, 88
선형 성장 37
소수 34~35
숫자점 40
스포츠 27, 91, 118

ㅇ

알고리즘 98, 101, 103~107

암호화 6, 35
앤드루 와일스 74, 75
약 7, 9, 92~93, 122
에라토스테네스 45
에이다 러브레이스 101
역설 78~79, 121
완전수 40
우주 5, 6, 8, 39, 40, 43, 47, 53, 54~55, 67, 75, 98, 99
원 그래프 60, 88
위상 수학 50~51, 54~55
유클리드 23, 34~35
음수 24, 29, 100
음악 4, 33, 48, 103, 122
이슬람 수학자 25
이집트 11, 18~19, 20~21, 22
인공 지능(AI) 60, 106~107, 122
인공위성 6, 90
인구 조사 90
인도 24~25
인터넷 4, 7, 24, 35, 86, 90, 105
일기 예보 9, 114~115
일본 21
임상 시험 92~93
입자 39

ㅈ

자연 속 수학 12, 32~33
전자 프런티어 재단 35
정리 22, 69, 74
정사각형 22~23, 30~31, 32, 53
죄수의 딜레마 116~117
중국(고대) 20~21
증명 6, 8, 23, 34, 35, 63, 69, 70~75, 76~79, 103, 116, 121, 123
지구 6, 8, 12, 13, 39, 43, 45, 52, 55, 114, 115, 118
지도 7, 57, 58~59, 62~63
질병 7, 37, 118

ㅊ

차원 44, 64~67, 76

찰스 배비지 100
처리 장치 100, 101
천문학 6, 54~55
측정 6, 8, 15, 17, 20~21, 27, 39, 43, 44~45, 49, 50, 55, 59, 122

ㅋ

카오스 이론 115
컴퓨터 4, 7, 19, 24, 35, 39, 41, 61, 63, 65, 67, 73, 75, 77, 97~107, 114, 118, 119, 121, 122
컴퓨터 게임 61, 65, 118
컴퓨터 과학 73
코딩 103, 121
쾨니히스베르크 62~63
클라인 병 51
클레이 수학연구소 35, 76~77

ㅌ

태양 12, 14, 21, 45
통계 9, 81, 88~95, 121, 122, 123

ㅍ

파이 46~47
패턴 12~14, 27, 30~33, 43, 49, 106
페르마의 마지막 정리 74
평균 88~89
프랙털 49
프로그램 39, 97, 98, 101, 103, 104, 107, 122
피보나치 수열 32~33
피타고라스 22, 23, 74

ㅎ

해석 기관 100~101
행성 6, 21, 47, 53
확률 9, 14, 15, 81~87, 91, 93
확증 편향 95
휴대 전화 4, 7, 49, 90, 98, 101

P-값 93

이 책을 만든 사람들

사라 헐,
톰 뭄브레이 글

폴 보스턴
그림

사무엘 고렘, 프레야 해리슨
디자인

스티븐 몬크리프
시리즈 디자인

알렉스 프리스
편집

오드리 커녹 박사
감수

제인 치즘
시리즈 편집

어스본 출판사는 어스본 바로가기에서 추천하는 웹 사이트들을 규칙적으로 확인하고 있습니다. 하지만 어스본 출판사는 다른 웹 사이트의 내용에 대해서는 책임지지 않습니다. 다른 추천 사이트들을 살펴보다가 바이러스에 걸릴 경우, 어스본 출판사는 피해에 대해 법적 책임이 없습니다.

한국어판 1판 1쇄 펴냄 2023년 1월 1일
옮김 송지혜 **편집** 문선아 **디자인** 황혜련 **펴낸곳** (주)비룡소인터내셔널 **전화** 02)6207-5007 **팩스** 02)515-2007
한국어판 저작권 © 2023 Usborne Publishing Limited

영문 원서 Mathematics for Beginners **1판 1쇄 펴냄** 2022년
글 사라 헐 외 **그림** 폴 보스턴 **디자인** 사무엘 고렘 외 **감수** 오드리 커녹 박사
펴낸곳 Usborne Publishing Limited usborne.com
영문 원서 저작권 © 2022 Usborne Publishing Limited

이 책의 영문 원서 저작권과 한국어판 저작권은 Usborne Publishing Limited에 있습니다.
저작권법에 의하여 한국 내에서 보호를 받는 저작물이므로 무단전재와 복제를 금합니다.
어스본 이름과 풍선 로고는 Usborne Publishing Limited의 트레이드 마크입니다.

*이 책에는 네이버 나눔글꼴을 사용하였습니다.